Coleção Espírito Crítico

REFLEXÕES SOBRE
A CRIANÇA, O BRINQUEDO
E A EDUCAÇÃO

Coleção Espírito Crítico

Conselho editorial:
Alfredo Bosi
Antonio Candido
Augusto Massi
Davi Arrigucci Jr.
Flora Süssekind
Gilda de Mello e Souza
Roberto Schwarz

Walter Benjamin

REFLEXÕES SOBRE A CRIANÇA, O BRINQUEDO E A EDUCAÇÃO

Tradução, apresentação e notas
Marcus Vinicius Mazzari

Posfácio
Flávio Di Giorgi

Livraria
Duas Cidades

editora 34

Editora 34 Ltda.
Rua Hungria, 592 Jardim Europa CEP 01455-000
São Paulo - SP Brasil Tel/Fax (11) 3811-6777 www.editora34.com.br

Copyright © Editora 34 Ltda., 2002
Tradução, apresentação e notas © Marcus Vinicius Mazzari, 2002

A fotocópia de qualquer folha deste livro é ilegal e configura uma
apropriação indevida dos direitos intelectuais e patrimoniais do autor.

Edição conforme o Acordo Ortográfico da Língua Portuguesa.

Capa, projeto gráfico e editoração eletrônica:
Bracher & Malta Produção Gráfica

Revisão:
Adrienne de Oliveira Firmo
Cide Piquet

1ª Edição - 2002 (3 Reimpressões),
2ª Edição - 2009 (4ª Reimpressão - 2020)

Catalogação na Fonte do Departamento Nacional do Livro
(Fundação Biblioteca Nacional, RJ, Brasil)

Benjamin, Walter, 1892-1940

B468r   Reflexões sobre a criança, o brinquedo e a educação /
Walter Benjamin; tradução, apresentação e notas de Marcus
Vinicius Mazzari; posfácio de Flávio Di Giorgi. São Paulo:
Duas Cidades; Editora 34, 2009 (2ª Edição).
176 p. (Coleção Espírito Crítico)

ISBN 978-85-7326-234-6

     1. Crianças - Desenvolvimento. 2. Crianças - Educação.
I. Mazzari, Marcus Vinicius. II. Giorgi, Flávio Di. III. Título.
IV. Série.

CDD - 649.1

Índice

Nota introdutória, *Marcus Vinicius Mazzari* 7

1. O ensino de moral 11
2. "Experiência" 21
3. O posicionamento religioso da nova juventude 27
4. A vida dos estudantes 31
5. André Gide: *La porte étroite* 49
6. *Livros infantis velhos e esquecidos* 53
7. Visão do livro infantil 69
8. Velhos brinquedos 81
9. História cultural do brinquedo 89
10. Brinquedos e jogos 95
11. *Rua de mão única* 103
12. Programa de um teatro infantil proletário 111
13. Uma pedagogia comunista 121
14. Brinquedos russos 127
15. Elogio da boneca 131
16. Chichleuchlauchra 139
17. Pedagogia colonial 147
18. Princípios verdejantes 151
19. Pestalozzi em Yverdon 157

Posfácio, *Flávio Di Giorgi* 163

Sobre o autor 169
Sobre o tradutor 174

Walter Benjamin (1892-1940), em fotografia de Germaine Krull.
Da coleção Walter Benjamin.

Nota introdutória

Walter Benjamin não chegou a alcançar os 50 anos de idade, mas deixou uma obra que espanta pelas dimensões e pela diversidade de temas. Dentre os textos que dedicou a questões pedagógicas (educação "burguesa" e "proletária"), ao movimento estudantil, a jogos e brinquedos, também a cartilhas e livros infantis, a presente antologia reúne seguramente os mais importantes. Ao leitor abre-se assim a possibilidade de familiarizar-se com uma dimensão fundamental da produção benjaminiana, tão marcante no pensamento teórico do século XX.

O interesse por tais temas despertou muito cedo em Walter Benjamin ("O ensino de moral", que abre este volume, foi redigido aos 21 anos de idade), e o acompanhou ao longo de toda a vida. Benjamin não só escreveu belíssimas páginas sobre cartilhas e livros infantis, mas foi também um colecionador ardoroso, e essa paixão enraíza-se certamente no mesmo solo de que brotou o seu gosto por uma literatura de tendência "popular" e pedagógica, como se percebe nos ensaios que consagrou a autores como Johann Peter Hebel, o russo Nikolai Leskov, o contemporâneo e amigo Bertolt Brecht.

Ao lado do ensaio sobre o "ensino de moral" (o primeiro texto que traz a sua assinatura), a fase inicial da produção de Benjamin, que militava então na linha de frente do movimento

Reflexões sobre a criança, o brinquedo e a educação

estudantil, vem representada aqui por três outros textos, tematizando o antagonismo entre juventude e "experiência", a busca religiosa de sua geração e, ainda, os dilemas da "vida dos estudantes", reflexão longa e cerrada em que diagnostica as contradições das tendências estudantis mais avançadas e exprime ao mesmo tempo o desejo de renovação espiritual e material da sociedade alemã. Delineia-se, nesses escritos, um dos momentos mais elevados do espírito audaz que animava as aspirações da juventude estudantil nos anos imediatamente anteriores à eclosão da Primeira Guerra, espírito que três décadas depois Thomas Mann iria evocar de maneira magistral no 14º capítulo do seu romance *Doutor Fausto*.

Esses quatro textos que compõem o primeiro bloco da antologia oferecem ainda ao leitor a oportunidade de assistir ao surgimento do crítico Walter Benjamin, também às primeiras manifestações de seu compromisso incondicional com a "vida autêntica" (na sua linguagem idealista de então), o que desde cedo gerou a recusa radical de "vender a alma à burguesia", conforme formulação do ensaio "A vida dos estudantes". Se, com o passar dos anos, algumas posições defendidas nos trabalhos de juventude ganharam novas nuanças e inflexões, de nenhuma delas se poderia dizer que tenha sido renegada ou "incendiada" pelo Benjamin maduro: vale aqui, de forma geral, o seu comentário retrospectivo (reproduzido integralmente em nota desta edição) sobre a "cruzada" que movera em 1913 contra a palavra "experiência": "E eis que agora essa palavra tornou-se um elemento de sustentação em muitas de minhas coisas. Apesar disso, permaneci fiel a mim mesmo. Pois o meu ataque cindiu a palavra sem a aniquilar". Fiel aos ideais solidários da juventude Benjamin permaneceu certamente ao longo de toda a sua vida, em coerência profunda com os versos de Schiller citados no ensaio sobre "Experiência", os quais vieram a se revelar como emblema e pro-

Nota introdutória

grama para os anos vindouros: "Diga-lhe/ Que pelos sonhos da sua juventude/ Ele deve ter consideração, quando for homem".

Outros ensaios testemunham a fidelidade não menos profunda que o autor de *Infância berlinense por volta de 1900* manteve, durante toda a vida, pela veneração que as cartilhas inspiram ao "pequeno caçador das primeiras letras", pela alegria que brinquedos e livros infantis despertam na criança. Textos como "Visão do livro infantil", "Brinquedos e jogos", "Princípios verdejantes", para mencionar apenas três, revelam extraordinária sensibilidade na abordagem desses temas lúdicos, aparentemente periféricos, e o leitor não hesitará em incluir Benjamin entre aqueles raros "homens geniais", como se lê no ensaio sobre "teatro infantil proletário", que nos descortinaram uma vista privilegiada para o universo da criança.

Sobre crianças, juventude e educação intitula-se originalmente esta antologia publicada na Alemanha em 1969, pela editora Suhrkamp. A sua primeira edição brasileira apareceu 15 anos depois, pela Summus Editorial. Para a presente edição da Editora 34/Duas Cidades, o tradutor refez o trabalho inteiramente, procurando corrigir os descuidos da primeira e elaborando notas que por vezes são imprescindíveis para a plena compreensão da argumentação benjaminiana. Cumpre dizer também que algumas incorreções da primeira edição brasileira se devem a falhas presentes na própria antologia alemã de 1969. A nova tradução segue evidentemente a mesma sequência de ensaios, mas se baseia agora no texto estabelecido nos *Gesammelte Schriften* [Escritos reunidos] de Walter Benjamin organizados por Rolf Tiedemann e Hermann Schweppenhäuser, com a colaboração de Theodor W. Adorno e Gershom Scholem (Suhrkamp, Frankfurt a. M., 1972-89). Uma das consequências dessa medida foi a inserção de passagens que não puderam constar da edição de

Reflexões sobre a criança, o brinquedo e a educação

1984 — o exemplo mais expressivo encontra-se no longo ensaio *"Livros infantis velhos e esquecidos"*, versão integral do texto publicado anteriormente sob o título "Velhos livros infantis". Ainda quanto às inovações que caracterizam este volume, o tradutor gostaria de agradecer a colaboração eficiente que encontrou na Editora 34, em especial as valiosas sugestões advindas da leitura de Alberto Martins.

"Tudo à perfeição talvez se aplainasse/ Se uma segunda chance nos restasse", diz Goethe no dístico citado por Benjamin num ensaio em que ilumina, com a característica argúcia, o mundo dos jogos e das brincadeiras, regido pela lei da repetição. Desnecessário dizer que "perfeição" não é uma palavra que possa figurar no horizonte de uma tradução — sem contar que, no ensaio, a "segunda chance" goethiana é substituída por um eterno "mais uma vez", por um "sempre de novo". De qualquer modo, esta segunda tradução guiou-se sempre, em cada um dos 19 escritos aqui reunidos, pelo intuito de apresentar ao leitor um texto o mais próximo possível do rigor e da rara sensibilidade de Walter Benjamin.

Marcus Vinicius Mazzari

O ensino de moral

Talvez nos sintamos tentados a cortar de antemão todas as considerações teóricas sobre ensino de moral com a seguinte afirmação: a influência moral é assunto inteiramente pessoal, que se furta a toda esquematização e normatização. Não importa se esta frase está correta ou não; de qualquer modo, o fato de que se exija o ensino de moral como algo geral e necessário não a leva em consideração. E, enquanto o ensino de moral for exigido teoricamente, essa exigência também precisa ser testada teoricamente.

Na sequência, se deverá empreender a tentativa de colocar o ensino de moral sobre os seus próprios fundamentos. Não se deve perguntar em que medida será alcançado assim um relativo aperfeiçoamento perante as insuficiências do ensino de religião, mas sim como o ensino de moral se relaciona com exigências pedagógicas absolutas.

Vamos nos colocar no terreno da ética kantiana (pois, para essa questão, é imprescindível uma ancoragem filosófica). Kant faz uma diferenciação entre legalidade e moralidade, diferença expressa por vezes da seguinte forma: "Para que algo possa ser moralmente bom não é suficiente que esteja *de acordo* com a lei ética, mas que também ocorra *por causa dela*".[1] Ao mesmo tempo

---

[1] Citação extraída do prefácio da obra *Grundlegung zur Metaphysik der Sit-*

Reflexões sobre a criança, o brinquedo e a educação

está dada assim uma outra determinação da vontade ética: esta é "livre de motivações", determinada unicamente pela lei ética,[2] pela norma: faze o bem!

Por intermédio de duas frases paradoxais de Fichte e Confúcio incidirá luz clara sobre essa cadeia de pensamentos.

Fichte nega o significado ético do "conflito de deveres". Aparentemente ele oferece assim apenas uma interpretação de nossa consciência; se, no cumprimento de um dever, temos de negligenciar um outro, cairemos certamente em um — por assim dizer — constrangimento técnico; em nosso íntimo, porém, não nos sentimos culpados. Pois a lei ética não exige que se realize esse ou aquele ato concreto, mas sim que o ético seja realizado. A lei ética é norma do agir, mas não o seu conteúdo.

Segundo Confúcio a lei ética oculta o duplo perigo de parecer demasiado elevada ao sábio e demasiado baixa ao tolo. Isto

---

ten [Fundamentação para a metafísica dos costumes], que Immanuel Kant publicou nos anos de 1785 e 1786. Nessa mesma obra apoiam-se as demais referências do jovem Benjamin à ética kantiana. (N. do T.)

[2] *Sittengesetz*, no original. Esta expressão ("lei dos costumes", numa tradução literal) é empregada várias vezes no ensaio e sua tradução para o português oscila entre "lei moral" e "lei ética": na acepção kantiana, uma lei da causalidade por intermédio da liberdade, que comanda a ação incondicional e categórica direcionada ao bem, sem consideração por metas e finalidades empíricas ou pragmáticas. Na tradução deste ensaio, fez-se a opção pela segunda possibilidade, já que algumas passagens tornam inequívoco que Benjamin usa a expressão *Sittengesetz* como sinônimo de "lei ética" — da mesma forma como o adjetivo *sittlich*, derivado da palavra "costumes" (*Sitten*), alterna-se, num mesmo campo de significado, com o adjetivo *ethisch* (daí as inevitáveis repetições em português). Em favor da opção assumida fala também a ligação etimológica com o termo grego *éthos*, "costume", "prática". No ensaio há ainda algumas ocorrências do substantivo *Sittlichkeit*, que se traduziu aqui por "eticidade", guardando-se a relação morfológica com o sufixo alemão *keit*. (N. do T.)

O ensino de moral

significa que a consumação empírica da eticidade jamais se encontra designada na norma ética — e assim seria superestimá-la acreditar que todo e qualquer mandamento empírico já esteja contido nela. Contra o tolo volta-se porém Confúcio ao afirmar que toda e qualquer ação, por mais legal que seja, só adquire valor ético se emana de uma intenção ética. — Com isso voltamos novamente a Kant e à sua famosa formulação: "De forma geral, não é possível pensar nada no mundo, nem mesmo fora dele, que possa sem restrição ser considerado bom, a não ser unicamente a chamada *boa vontade*".

Esta sentença, corretamente compreendida, contém a orientação fundamental da ética kantiana, a única que nos interessa aqui. "Vontade" não significa nesse contexto nada de psicológico. O psicólogo constrói em sua ciência um fato psicológico, e, para a realização deste, a vontade, enquanto causa, representa no máximo um fator. Ao indivíduo ético importa o aspecto ético do fato, e este não é ético por haver procedido de inúmeras razões, mas tão somente enquanto procedeu de uma única intenção ética. A vontade do ser humano compreende a sua obrigação perante a lei ética; esgota-se neste fato o seu significado ético.

Encontramo-nos aqui diante de uma reflexão que parece apropriada para estabelecer o ponto de partida de todas as especulações sobre educação ética. Pois cumpre agora compreender a antinomia da educação ética, que talvez constitua apenas um aspecto particular de uma antinomia geral.

A finalidade da educação ética é a formação da vontade ética. E, não obstante, não há nada mais inacessível do que essa mesma vontade ética, já que, enquanto tal, ela não é uma grandeza psicológica que possa ser abordada com instrumentos determinados. Em nenhum ato empírico de influenciação encontramos a garantia de ter atingido efetivamente a vontade ética enquanto tal. Falta-nos a alavanca para o manejo eficiente da educação ética. Na mesma medida em que a lei ética pura (e, por isso, a única válida) é inacessível em si mesma, nessa mesma medida a vontade pura é impalpável para o educador.

Compreender esse fato em toda a sua amplitude constitui pressuposto de uma teoria da educação ética. De imediato, impõe-se a conclusão: uma vez que o processo de educação ética contradiz, por princípio, toda racionalização e esquematização, então ele não pode ter nenhuma afinidade com o ensino didático. Pois este representa, também por princípio, o instrumento de educação racionalizado. — Vamos nos dar aqui por satisfeitos com tal dedução para, mais abaixo, recuperar e avivar essa mesma sentença no exame do atual ensino de moral.

Será que a bancarrota da educação ética é a consequência dessas reflexões? Seria certamente o caso se irracionalismo significasse a bancarrota da educação. Irracionalismo significa tão somente a bancarrota de uma *ciência* exata da educação. E, de fato, a renúncia a uma teoria cientificamente fechada da educação moral nos parece ser a consequência do que foi dito. De qualquer modo, devemos tentar esboçar agora a possibilidade de educação ética como um todo, mesmo que ainda carente de unidade sistemática nos detalhes.

O princípio da comunidade estudantil livre e da coletividade ética parece ser aqui de fundamental importância. A religiosidade representa a forma sob a qual a educação ética se realiza no interior da comunidade. Pois esta vivencia em seu íntimo, e de maneira sempre renovada, um processo que engendra a religião e desperta a contemplação religiosa, processo que gostaríamos de designar como "plasmação do ético". Como já vimos, a lei ética encontra-se distante e desvinculada de todo elemento ético-empírico (como dado *empírico*). Todavia, a comunidade ética vivencia sistematicamente a conversão da norma em uma ordem empírica legal. A liberdade é a condição de uma tal vida,

O ensino de moral

pois possibilita ao elemento que é legal a adaptação à norma. Mas apenas por intermédio dessa norma torna-se possível desenvolver o conceito de comunidade. A essência da formação ética da comunidade parece fundamentar-se na imbricação entre rigor ético na consciência do compromisso comum e aceitação da eticidade pela ordem comunitária. Mas isso opõe-se, enquanto processo religioso, a toda análise mais minuciosa.

Dessa forma, estamos diante de uma inversão peculiar de afirmações muito atuais. Enquanto hoje em dia multiplicam-se por toda parte as vozes que consideram eticidade e religião como esferas fundamentalmente independentes, a nós parece que apenas na religião, e tão somente na religião, a vontade pura encontra o seu conteúdo. O cotidiano de uma comunidade ética é plasmado de maneira religiosa.

Isso é o que precisa ser dito, teórica e positivamente, sobre educação ética, antes que se possa formular uma crítica do ensino de moral em vigor. Também numa tal crítica teremos de manter sempre presente aquela orientação já assinalada. Expresso de maneira puramente dogmática, o perigo mais profundo no ensino de moral reside na motivação e legalização da vontade pura, isto é, na supressão da liberdade. Se o ensino de moral tem realmente como meta a formação ética do estudante, então ele se encontra perante uma tarefa irrealizável. Ser-lhe-á impossível ultrapassar certas doutrinas kantianas, ou mesmo o que foi dito aqui, se ele quiser permanecer no universalmente válido. A lei ética não se deixa apreender com maior exatidão pelos meios do intelecto, isto é, de maneira universalmente válida. Pois onde e como a lei ética recebe os seus conteúdos concretos, isso é determinado pela religiosidade do indivíduo particular. E ultrapassar as barreiras aqui estabelecidas ou penetrar na relação ainda indefinida entre indivíduo particular e eticidade, tal coisa é vedada pelas palavras de Goethe: "O mais elevado no homem é amorfo e deve-se evitar plasmá-lo senão mediante uma ação nobre".[3] Quem se permite hoje em dia (fora da Igreja) a desempenhar o papel de mediador entre homem e Deus? Ou quem vai querer introduzir esse papel de mediador na educação, uma vez que se espera que toda eticidade e religiosidade emanem do estar a sós com Deus?

Que o ensino de moral não possua sistema, que ele se tenha proposto uma tarefa irrealizável — eis a dupla expressão do mesmo fundamento falível.

Assim só lhe resta substituir a educação moral por uma insólita espécie de educação cívica na qual tudo o que é necessário deve aparecer como voluntário, e tudo o que é fundamentalmente voluntário deve aparecer como necessário. Acredita-se poder substituir a motivação ética por exemplos racionalistas, e não se percebe que a eticidade já está novamente pressuposta nessa intenção.[4] Assim, por exemplo, quando se pretende incutir o amor ao próximo em uma criança ao descrever-lhe, durante o café da manhã, o trabalho das muitas pessoas graças às quais é possível agora saborear os alimentos. Pode ser um tanto triste que a criança receba tais percepções da vida apenas numa aula de moral. Mas essa exposição só impressionará uma criança que já conheça a simpatia e o amor ao próximo. E ela só vivenciará estes sentimentos na comunidade, nunca em uma aula de moral.

---

[3] Esta frase, levemente alterada na citação de Benjamin, encontra-se no sétimo capítulo da segunda parte do romance *As afinidades eletivas* (1809): "O mais elevado, o mais primoroso no homem é amorfo e deve-se evitar plasmá-lo senão mediante uma ação nobre". (N. do T.)

[4] "Não se poderia dar pior orientação à eticidade do que quando se pretende fundamentá-la em exemplos. Pois todo exemplo que me é apresentado deve, antes de tudo, ser julgado segundo princípios da moralidade, para se determinar se ele é digno de servir como exemplo original, isto é, como modelo; mas ele jamais nos poderá passar o conceito moral de maneira direta e imediata" (Kant).

O ensino de moral

Que se observe de passagem: a "energia específica" do sentido moral, a capacidade de empatia moral, não se avoluma com a absorção das motivações e da matéria didática, mas sim com a atividade prática. Subsiste o perigo de que a matéria didática ultrapasse excessivamente a sensibilidade moral e a embote.

Uma certa inescrupulosidade quanto aos meios caracteriza o ensino de moral, uma vez que ele não dispõe da motivação ética propriamente dita. O ensino de moral faz uso não apenas de reflexões racionalistas, mas também, preferencialmente, de estímulos psicológicos. Poucas vezes se terá ido tão longe como um orador no congresso berlinense sobre o ensino de moral, o qual aconselhou, entre outras coisas, a apelar inclusive para o egoísmo do aluno (aqui só se pode tratar de um meio para a legalidade e não mais para a educação ética). Também a invocação da coragem heroica, a exigência e o elogio do extraordinário, na medida em que desembocam na exaltação dos sentimentos, não têm nada a ver com a constância da orientação moral. Kant jamais se cansa de condenar tais práticas. No âmbito do psicológico reside ainda o perigo especial de uma autoanálise sofística. Nesta, tudo aparece como necessário, ganha interesse genético, em vez de interesse moral. Aonde chegaríamos com a dissecação e a classificação das diferentes espécies de mentira, tal como sugere um pedagogo da moral?

Como já foi dito, o especificamente ético perde-se assim de maneira inevitável. Nesse sentido, mais um exemplo característico, tomado, como os anteriores, da *Jugendlehre* [Doutrina da juventude], de Foerster.[5] Um menino é surrado por seus com-

---

[5] Trata-se da obra *Jugendlehre. Ein Buch für Eltern, Lehrer und Geistliche* [Doutrina da juventude. Um livro para pais, professores e sacerdotes], de Friedrich Wilhelm Foerster (1869-1966). (N. do T.)

Reflexões sobre a criança, o brinquedo e a educação

panheiros. Foerster argumenta: você revida para satisfazer ao seu instinto de autoafirmação; mas quem é o seu inimigo mais constante, contra o qual é extremamente necessário defender-se? A sua paixão, o seu instinto de vingança. Portanto, a sua afirmação consistiria no fundo não no revide, mas na repressão do instinto interior. Esse é um exemplo de inversão pela interpretação psicológica. Em um caso semelhante, sugere-se ao garoto que é surrado por seus companheiros que ele só triunfará se não se defender, e assim a classe o deixará em paz. Mas o argumento da solução não tem a mínima relação com a motivação ética. A atmosfera fundamental do ético é abandono, renúncia, e não motivação mediante benefício próprio ou qualquer tipo de vantagem.

Aqui não seria o lugar adequado para se aprofundar em aspectos de uma prática minuciosa e frequentemente perigosa do ponto de vista moral. Também preferimos nos calar a respeito das analogias técnicas com a moral, ou do tratamento moralista das coisas mais sóbrias. Para concluir, a seguinte cena de uma aula de caligrafia. O professor pergunta: "Que coisas horríveis não cometeria aquele aluno que não se obrigasse a observar as linhas tracejadas, mas que as ultrapassasse com a sua letra?". A classe teria dado uma variedade surpreendente de respostas. Não representa esse fato um casuísmo da pior espécie? Não existe nenhuma relação entre semelhantes atividades (grafológicas) e sentimento moral.

Ao contrário do que se afirma, esse tipo de aula de moral não é de forma alguma independente das concepções morais dominantes, ou seja, da legalidade. Na verdade, aqui está dado de imediato o perigo de superestimar a convenção legal, pois o ensino didático, com os seus fundamentos racionalistas e psicológicos, só pode atingir o empírico, o que está prescrito, mas jamais a atitude ética. É em virtude de tais reflexões que a boa conduta, óbvia em si mesma, surgirá com frequência ao aluno como extraordinariamente significativa. O conceito sóbrio do dever está ameaçado de perder-se.

Contudo, se apesar de tudo isso e a despeito de toda reflexão razoável, ainda se queira ensino de moral, então que não se fuja aos perigos. Perigosas, hoje em dia, já não são mais as oposições do cristianismo primitivo: "bem-mal" equivalente a "espiritual-sensual"; perigosos são os pares "sensual-bem" e "espiritual-mal", as duas formas do esnobismo. Nesses termos, o *Dorian Gray* de Oscar Wilde poderia servir de base a um determinado tipo de aula de moral.

Se, desse modo, o ensino de moral está muito longe de satisfazer a uma exigência pedagógica absoluta, ele terá entretanto o seu significado enquanto estágio de transição. Não tanto por representar, conforme vimos, um elo demasiado imperfeito no desenvolvimento do ensino de religião, mas antes por conferir expressão às insuficiências da formação atual. O ensino de moral combate o elemento periférico, carente de convicção, em nosso conhecimento, combate o isolamento intelectual da formação escolar. O importante não será assenhorear-se do conteúdo dessa formação a partir de uma posição exterior, com a tendência do ensino de moral, mas sim apreender a história desse material de formação, apreender portanto a história do próprio espírito objetivo. Nesse sentido deve-se esperar que o ensino de moral venha a constituir a transição para um novo ensino de História, no qual, então, também o presente encontre a sua inserção histórico-cultural.

(1913)

"Experiência"[1]

Travamos nossa luta por responsabilidade contra um ser mascarado. A máscara do adulto chama-se "experiência". Ela é inexpressiva, impenetrável, sempre a mesma. Esse adulto já vivenciou tudo: juventude, ideais, esperanças, mulheres. Foi tudo ilusão. — Ficamos, com frequência, intimidados ou amargurados. Talvez ele tenha razão. O que podemos objetar-lhe? Nós ainda não experimentamos nada.

Mas vamos tentar agora levantar essa máscara. *O que* esse adulto experimentou? *O que* ele nos quer provar? Antes de tudo, um fato: também ele foi jovem um dia, também ele quis outrora o que agora queremos, também ele não acreditou em seus pais; mas a vida também lhe ensinou que eles tinham razão. E então ele sorri com ares de superioridade, pois o mesmo acontecerá conosco — de antemão ele desvaloriza os anos que estamos vi-

---

[1] Numa nota escrita provavelmente em 1929, Benjamin lança um olhar retrospectivo a este texto de 1913: "Num de meus primeiros ensaios mobilizei todas as forças rebeldes da juventude contra a palavra 'experiência'. E eis que agora essa palavra tornou-se um elemento de sustentação em muitas de minhas coisas. Apesar disso, permaneci fiel a mim mesmo. Pois o meu ataque cindiu a palavra sem a aniquilar. O ataque penetrou até o âmago da coisa". (N. do T.)

Reflexões sobre a criança, o brinquedo e a educação

vendo, converte-os na época das doces asneiras que se cometem na juventude, ou no êxtase infantil que precede a longa sobriedade da vida séria. Assim são os bem-intencionados, os esclarecidos. Mas conhecemos outros pedagogos cuja amargura não nos proporciona nem sequer os curtos anos de "juventude"; sisudos e cruéis querem nos empurrar desde já para a escravidão da vida. Ambos, contudo, desvalorizam, destroem os nossos anos. E, cada vez mais, somos tomados pelo sentimento de que a nossa juventude não passa de uma curta noite (vive-a plenamente, com êxtase!); depois vem a grande "experiência", anos de compromisso, pobreza de ideias, lassidão. Assim é a vida, dizem os adultos, eles já experimentaram isso.

Sim, isso experimentaram eles, a falta de sentido da vida, sempre isso, jamais experimentaram outra coisa. A brutalidade. Por acaso eles nos encorajaram alguma vez a realizar algo grandioso, algo novo e futuro? Oh não, pois isso não se pode mesmo experimentar. Tudo o que tem sentido, o verdadeiro, o bem, o belo está fundamentado em si mesmo — o que a experiência tem a ver com isso tudo? E aqui está o segredo: uma vez que o filisteu jamais levanta os olhos para as coisas grandiosas e plenas de sentido, a experiência transformou-se em seu evangelho. Ela converte-se para ele na mensagem da vulgaridade da vida. Ele jamais compreendeu que existe outra coisa além da experiência, que existem valores que não se prestam à experiência — valores a cujo serviço nos colocamos.

Mas por que então a vida é absurda e desconsolada para o filisteu? Porque ele só conhece a experiência, nada além dela; porque ele próprio se encontra privado de consolo e espírito. E também porque ele só é capaz de manter relação íntima com o vulgar, com aquilo que é o "eternamente-ontem".

Nós porém conhecemos outra coisa, algo que nenhuma experiência nos pode proporcionar ou tirar: sabemos que existe

"Experiência"

a verdade, ainda que tudo o que foi pensado até agora seja equivocado. Sabemos que a fidelidade precisa ser sustentada, ainda que até agora ninguém a tenha sustentado. Nenhuma experiência pode nos privar dessa vontade. Mas, será que em um ponto os pais teriam razão com os seus gestos cansados e sua desesperança arrogante? Será necessário que o objeto da *nossa experiência* seja sempre triste, que não possamos fundar a coragem e o sentido senão naquilo que não pode ser experimentado? Neste caso então o espírito seria livre. Mas, sempre e sempre, a vida o estaria rebaixando, pois, enquanto soma das experiências, a própria vida seria um desconsolo.

Agora, porém, não entendemos mais o porquê dessas questões. Por acaso guiamos a vida daqueles que não conhecem o espírito, daqueles cujo "eu" inerte é arremessado pela vida como por ondas junto a rochedos? Não. Pois cada uma de nossas experiências possui efetivamente conteúdo. Nós mesmos conferimos-lhe conteúdo a partir do nosso espírito. — A pessoa irrefletida acomoda-se no erro. "Nunca encontrarás a verdade", brada ela àquele que busca e pesquisa, "eu já vivenciei isso tudo". Para o pesquisador, contudo, o erro é apenas um novo alento para a busca da verdade (Espinosa). A experiência é carente de sentido e espírito apenas para aquele já desprovido de espírito. Talvez a experiência possa ser dolorosa para a pessoa que aspira por ela, mas dificilmente a levará ao desespero.

Em todo caso, essa pessoa jamais será acometida de resignação apática ou se deixará entorpecer pelo ritmo do filisteu. Pois o filisteu — como já percebestes — rejubila-se apenas com todo fato que demonstra de novo a falta de sentido. Ele tinha portanto razão. Certifica-se assim que *na realidade* o espírito não existe. Mas ninguém exige submissão mais rígida, "veneração" mais rigorosa diante do "espírito" do que ele. Pois se elaborasse críticas, ele seria obrigado a participar, e disso ele não é capaz. Até mesmo na experiência do espírito, que ele realiza a contragosto, não consegue sentir o espírito.

Sagen Sie ihm
Dass er für die Träume seiner Jugend
Soll Achtung tragen, wenn er Mann sein wird.

[Diga-lhe
Que pelos sonhos da sua juventude
Ele deve ter consideração, quando for homem.][2]

Nada é mais odioso ao filisteu do que os "sonhos da sua juventude". (E, quase sempre, o sentimentalismo é a camuflagem desse ódio.) Pois o que lhe surgia nesses sonhos era a voz do espírito, que também o convocou um dia, como a todos os homens. A juventude lhe é a lembrança eternamente incômoda dessa convocação. Por isso ele a combate. O filisteu lhe fala daquela experiência cinzenta e prepotente, aconselha o jovem a zombar de si mesmo. Sobretudo porque "vivenciar" sem o espírito é confortável, embora funesto.

Mais uma vez: conhecemos uma outra experiência. Ela pode ser hostil ao espírito e aniquilar muitos sonhos florescentes. No entanto, é o que existe de mais belo, de mais intocável e inefável, pois ela jamais estará privada de espírito se *nós* permanecermos jovens. Sempre se vivencia apenas a si mesmo, diz Zaratustra ao término de sua caminhada. O filisteu realiza a sua "experiência", eternamente a mesma expressão da ausência de espírito. O jovem vivenciará o espírito, e quanto mais difícil lhe

---

[2] Citação extraída do drama *Don Carlos*, de Friedrich Schiller (1759-1805). Os versos encontram-se na 21ª cena do 4º ato, e fazem parte de uma fala do Marquês de Posa à Rainha de Espanha. (N. do T.)

"Experiência"

for a conquista de coisas grandiosas, tanto mais encontrará o espírito por toda parte em sua caminhada e em todos os homens. — O jovem será generoso quando homem adulto. O filisteu é intolerante.

(1913)

O posicionamento religioso
da nova juventude

O movimento da juventude que desperta aponta em direção àquele ponto infinitamente distante, onde sabemos estar a religião. E o simples fato de que há movimento já nos dá a garantia mais profunda de sua direção correta. A juventude que desperta na Alemanha está equidistante de todas as religiões e associações ideológicas. Ela também não assume nenhum posicionamento religioso. Mas, para a religião, a juventude possui um significado e, em sentido inteiramente novo, a religião começa a se tornar significativa para a juventude. Esta encontra-se no centro do movimento em que nasce o novo. A sua penúria é a mais extrema e, assim, a ajuda de Deus não lhe poderia estar mais próxima.[1]

É no âmbito da juventude que a religião atinge a comunidade de maneira a mais intensa, e em nenhum outro lugar a ânsia por religião pode ser mais concreta, íntima e penetrante do que na juventude. Pois o caminho que a geração jovem percorre em seu processo de formação não tem sentido sem ela. Tal caminho

---

[1] Alusão de Benjamin ao provérbio *Wenn die Not am grössten, ist Gottes Hilfe am nächsten*: "Quanto maior a necessidade, mais próxima está a ajuda de Deus". (N. do T.)

Reflexões sobre a criança, o brinquedo e a educação

de formação permanece vazio e penoso sem o ponto onde ele se bifurca numa opção decisiva. Esse ponto deve ser comum a toda uma geração, e lá se ergue o templo de seu Deus.

A aspiração religiosa dos antigos despertou tardia e esporadicamente. Era uma resolução que se tomava no recolhimento, numa encruzilhada isolada, mas que não era a única. A decisão não trazia nenhuma garantia em si, pois carecia de objetividade religiosa. Era assim que o indivíduo particular se defrontava com a religião.

Agora, porém, uma juventude vem ocupar o espaço que se confunde com a religião, que é o próprio corpo em que a religião sofre suas penúrias. *Uma geração quer estar novamente na encruzilhada, mas os caminhos não se cruzam em parte alguma.* Toda juventude tinha a obrigação de escolher, mas os objetos desta escolha já lhe estavam predeterminados. A juventude atual encontra-se perante o caos em que os objetos de sua escolha (os objetos sagrados) desaparecem. As palavras que lhe iluminam o caminho não são "puro" ou "impuro", "sagrado" ou "réprobo", mas sim palavras escolares, como "permitido-proibido". O fato de que ela se sinta isolada e perplexa testemunha a sua seriedade religiosa, testemunha que a religião não mais lhe significa uma forma qualquer do espírito, ou um desses caminhos transitáveis que se cruzam aos milhares e que ela poderia palmilhar a qualquer momento. Não há nada que a juventude exija com mais urgência do que a escolha, a possibilidade da escolha, da decisão sagrada sobretudo. A escolha gera os seus próprios objetos — esta é a sua convicção mais próxima da religião.

A juventude que faz profissão de fé em si mesma *significa* uma religião que ainda não existe. Cercada pelo caos de coisas e homens, dos quais nenhum é sagrado, nenhum condenado, ela clama pela escolha. E antes que a graça não crie novamente o sagrado e o profano, ela não poderá escolher com a mais profunda

O posicionamento religioso da nova juventude

seriedade. Ela confia em que o sagrado e o réprobo se revelarão no momento em que a vontade comum de escolha tiver alcançado a máxima tensão.

Enquanto isso não acontece, ela vai levando uma vida difícil de compreender, plena de entrega e desconfiança, veneração e ceticismo, abnegação e egoísmo. Essa vida é a sua virtude.[2] Ela não deve repudiar nenhum objeto ou ser humano, pois em cada um (tanto no mural de anúncios como no criminoso) pode nascer o símbolo ou o santo. E, não obstante, a ninguém ela deve entregar-se plenamente, jamais poderá reencontrar o seu íntimo no herói que venera ou na mulher que ama. Pois as relações do herói ou da amada com o último, com o essencial — com o sagrado enfim —, são obscuras e incertas. Incerto é também o nosso próprio "eu", que ainda não encontramos na escolha. É possível que essa juventude tenha muitos traços em comum com os primeiros cristãos, que frequentemente eram tolhidos na voz e na ação porque se deparavam com um mundo transbordante do sagrado, pronto a nascer em cada um. A doutrina da não ação está próxima dessa juventude. No entanto, o seu ceticismo ilimitado (que não é outra coisa senão confiança ilimitada) impõe-lhe amar a luta. Também Deus pode surgir da luta. Lutar não significa execrar o inimigo. As lutas da juventude são antes sentenças divinas. Nessas lutas, a juventude está pronta a vencer ou a sucumbir. Pois o que realmente importa é que, a partir dessas lutas, o sagrado se revele em sua verdadeira figura. Lutando, a juventude mantém-se distante também de um misticismo que

---

[2] Essa passagem parece deixar subentendida uma referência a outro provérbio alemão com a palavra *Not* ("necessidade", ou "penúria", "carência", "miséria"), tão fundamental na imagem que Benjamin apresenta da sua geração: *Aus der Not eine Tugend machen*: "Fazer da necessidade uma virtude". (N. do T.)

Reflexões sobre a criança, o brinquedo e a educação

daria ao indivíduo a ilusão da redenção somente enquanto não vigora a comunidade religiosa. A juventude sabe que lutar não significa odiar e que, se ainda encontra resistências, se ainda não pode penetrar tudo com juventude, isso se deve à sua própria imperfeição. Na luta, no vencer ou no sucumbir, escolhendo entre o sagrado e o profano, ela deseja encontrar a si mesma. Ela sabe que a partir desse momento não conhecerá mais nenhum inimigo, sem que por isso se torne quietista.

Mas os contemporâneos se conscientizarão aos poucos de que uma tal juventude não constitui objeto de debates religiosos, medidas disciplinares e campanhas jornalísticas difamatórias. Ela duela, sob camuflagem, contra os seus inimigos. Quem a combate não pode conhecê-la. Mas, através da História, essa juventude ainda saberá enobrecer os seus inimigos, então finalmente impotentes perante ela.

(1914)

A vida dos estudantes

Há uma concepção de História que, confiando na infinitude do tempo, distingue apenas o ritmo dos homens e das épocas que rápida ou lentamente avançam pela via do progresso. A isso corresponde a ausência de nexo, a falta de precisão e de rigor na exigência que ela faz ao presente. A consideração que se segue visa, porém, um estado determinado, no qual a História repousa concentrada em um foco, tal como desde sempre nas imagens utópicas dos pensadores. Os elementos do estado final não afloram à superfície enquanto tendência amorfa do progresso, mas se encontram profundamente engastados em todo presente como as criações e os pensamentos mais ameaçados, difamados e desprezados. Converter, de forma pura, o estado imanente de perfeição em estado absoluto, torná-lo visível e soberano no presente, esta é a tarefa histórica. Esse estado, contudo, não pode ser parafraseado com a descrição pragmática de pormenores (instituições, costumes etc.), descrição da qual ele antes se furta, mas só pode ser apreendido em sua estrutura metafísica, como o reino messiânico ou a ideia da Revolução Francesa. O atual significado histórico dos estudantes e da universidade, a forma de sua existência no presente, merecem portanto ser descritos apenas como símile, como reflexo de um momento mais elevado e metafísico da História. Somente assim ele se torna compreensível e

Reflexões sobre a criança, o brinquedo e a educação

possível. Tal descrição não é apelo ou manifesto, que tanto um como outro permaneceram ineficazes, mas indicia a crise que, situando-se na essência das coisas, conduz a uma decisão à qual os covardes sucumbem e os corajosos se subordinam. O único caminho para tratar do lugar histórico do estudantado e da universidade é o sistema. Enquanto várias das condições para isso continuarem vedadas, restará apenas libertar o vindouro de sua forma desfigurada, reconhecendo-o no presente. Somente para isso serve a crítica.

A vida dos estudantes é abordada mediante a questão de sua unidade consciente. Essa questão está no início, pois não leva a nada distinguir problemas na vida do estudante — ciência, Estado, virtude — se lhe falta coragem para submeter-se de maneira ampla. O marcante na vida dos estudantes é, de fato, a aversão em submeter-se a um princípio, em se deixar imbuir de uma ideia. O nome da ciência presta-se por excelência a ocultar uma indiferença comprovada e profundamente arraigada. Mensurar a vida estudantil com a ideia da ciência não significa de maneira alguma panlogismo ou intelectualismo — como se está inclinado a temer —, mas é crítica legítima, uma vez que na maioria dos casos a ciência é levantada, como a muralha férrea dos estudantes, contra reivindicações "estranhas". Trata-se, portanto, de unidade interior e não de crítica que vem de fora. Neste ponto, a resposta está dada com a observação de que, para a grande maioria dos estudantes, a ciência é uma escola profissionalizante. Já que "ciência não tem nada a ver com a vida", então ela deve moldar com exclusividade a vida de quem a segue. Entre as reservas mais inocentes e mentirosas que se têm perante ela, encontra-se a expectativa de que ela deva ajudar este ou aquele a se prepararem para uma profissão. A profissão decorre tão minimamente da ciência que esta pode até excluí-la. Pois, em consonância com a sua essência, ela não tolera nenhuma solução por si mesma; a ciência

A vida dos estudantes

obriga o pesquisador a ser de certo modo sempre professor, jamais lhe impõe as formas das profissões públicas de médico, jurista, docente universitário. Não é nada bom quando institutos onde se podem conseguir títulos, qualificações, possibilidades de vida e profissão, se autodenominam redutos da ciência. A objeção de como o Estado atual recrutaria então os seus médicos, juristas e docentes não prova aqui nada em contrário. Mostra apenas a grandeza revolucionária da tarefa: fundar uma comunidade de pesquisadores no lugar de uma corporação de funcionários públicos e de diplomados. Mostra apenas em que extensão as ciências atuais, no desenvolvimento de seu aparato profissionalizante (através do saber e de técnicas), foram desviadas de sua origem comum fundada na ideia do saber, origem essa que se transformou para elas em mistério, quando não em ficção. Quem considera o Estado atual um dado concreto, em que tudo está determinado na linha de seu desenvolvimento, deve repudiar esse fato, contanto que não ouse exigir do Estado proteção e apoio da "ciência". Pois o que testemunha a degradação não é a conformidade da universidade com o Estado — o que não combinaria mal com a barbárie "honesta" —, mas sim a garantia e a doutrina de liberdade de uma ciência da qual se espera, com naturalidade brutal, que conduza os seus adeptos à individualidade social e ao serviço público. De nada adianta tolerar as mais livres concepções e teorias enquanto não se garanta a vida que tais concepções e teorias — tanto quanto as mais rigorosas — trazem consigo e se negue ingenuamente esse imenso abismo através da ligação da universidade com o Estado. É equivocado desenvolver exigências isoladamente enquanto o espírito de sua totalidade se mantiver vedado a cada uma dessas exigências em sua realização, e um fato apenas deve ser destacado como notável e espantoso: como na instituição acadêmica a totalidade dos alunos e dos professores, à semelhança de um gigantesco jogo de

Reflexões sobre a criança, o brinquedo e a educação

esconde-esconde, passam uns pelos outros e nunca se enxergam. Aqui o estudantado, que não ocupa cargos públicos, fica sempre atrás do professorado, e a base jurídica da universidade, personificada no ministro da Cultura, nomeado não pela universidade mas pelo soberano, é uma correspondência semivelada da burocracia acadêmica com os órgãos estatais, passando por cima das cabeças dos estudantes (e, em casos raros e felizes, também dos professores).

A submissão acrítica e inerte a esse estado é um traço essencial na vida dos estudantes. É verdade que as assim chamadas "organizações estudantis livres"[1] e outras de cunho social empreenderam uma tentativa aparente de solução. Esta, em última instância, caminha no rumo de um aburguesamento completo da instituição, e em nenhum outro lugar mostrou-se com mais evidência que os atuais estudantes, enquanto comunidade, não são capazes nem mesmo de formular a questão da vida científica e de apreender o seu protesto insolúvel contra a vida profissional da época. Uma vez que esclarece de forma extremamente aguda a noção caótica que os estudantes têm da vida científica, a crítica das ideias do "movimento estudantil livre", assim como de outras ideias afins, faz-se necessária aqui e deve ser feita com

---

[1] *Freistudentische Organisationen*, no original. Organizações criadas por universitários alemães de tendências mais radicais, em oposição às chamadas *Burschenschaften*, associações de estudantes fundadas em 1815, no âmbito das guerras de libertação contra a ocupação napoleônica. Imbuídas de ideais revolucionários no início, as *Burschenschaften* foram assumindo posições cada vez mais reacionárias, aproximando-se, nas primeiras décadas do século XX, de tendências nacionalistas e antissemitas. Em maio de 1914, Walter Benjamin assumiu a direção do "Estudantado Livre de Berlim" (*Berliner Freie Studentenschaft*), mantendo-a até a eclosão da Primeira Guerra Mundial. (N. do T.)

A vida dos estudantes

palavras de um discurso proferido pelo autor diante de estudantes, quando tencionava atuar em favor da renovação:[2]

> "Existe um critério muito simples e seguro para testar o valor espiritual de uma comunidade. A questão: nela se expressa a totalidade do indivíduo atuante? Está comprometido com ela o ser humano integral? Este lhe é imprescindível? Ou a comunidade é prescindível a cada ser humano na mesma medida em que este é prescindível àquela? É muito simples formular esta questão, muito simples respondê-la em relação aos tipos atuais de comunidade social, e essa resposta é decisiva. Todo indivíduo atuante aspira pela totalidade, e o valor do desempenho individual reside precisamente nessa totalidade, ou seja, no fato de que a essência total e indivisível de um ser humano possa ganhar expressão. Mas a realização socialmente fundamentada, tal como hoje a encontramos, não contém a totalidade, é algo inteiramente fragmentado e derivado. Não é raro que a comunidade social seja o espaço em que, sorrateiramente e na mesma sociedade, luta-se contra desejos mais elevados, metas mais pessoais, encobrindo-se porém o desenvolvimento natural e mais profundo. O desempenho social do homem médio serve, na maioria dos casos, para recalcar as aspirações originais e não derivadas do homem interior. Trata-se aqui de acadêmicos, de pessoas que já pela profissão estabelecem algum tipo de ligação interior com as lutas espirituais, com o ceticismo e o criticismo daquele que estuda. Essas pessoas apoderam-se, como local de trabalho, de

---

[2] O trecho que vem a seguir, colocado entre aspas, é uma autocitação de Benjamin, e foi extraído do discurso que proferiu por ocasião de sua posse na presidência do "Estudantado Livre de Berlim". (N. do T.)

Reflexões sobre a criança, o brinquedo e a educação

um meio imensamente afastado do seu, que lhes é totalmente estranho, e lá, longe do mundo, criam para si uma atividade limitada, sendo que a totalidade de tal ação reverte em benefício de uma generalidade frequentemente abstrata. Não vigora qualquer ligação interior e primordial entre a existência espiritual de um estudante e seu interesse assistencial por filhos de operários ou mesmo por outros estudantes. Nenhuma ligação a não ser um conceito de dever desvinculado de seu trabalho pessoal, de seu trabalho mais próprio, o que cria uma contraposição mecanicista: 'aqui o bolsista do povo — lá o desempenho social'. O sentimento de dever é calculado, derivado e distorcido, não emana aqui do próprio trabalho. E assim se satisfaz a tal dever não no sofrimento pela verdade pensada, também não na aceitação de todos os escrúpulos de um pesquisador e, de forma alguma, na mentalidade ligada de certo modo com a própria vida espiritual. Mas, se satisfaz a tal dever em uma contraposição crassa e ao mesmo tempo altamente superficial, comparável àquela entre 'ideal-material' e 'teórico-prático'. Aquele trabalho social, em uma palavra, não é intensificação ética, mas sim a reação amedrontada de uma vida espiritual. A objeção mais própria e profunda, contudo, não é o fato de que o trabalho social se contraponha, desvinculado e abstrato no essencial, ao verdadeiro trabalho estudantil, manifestando-se nisso a mais alta e refutável expressão do relativismo que, incapaz de vida sintética, quer ver — medrosa e meticulosamente — todo elemento espiritual acompanhado do físico, toda colocação teórica acompanhada de seu contrário; o decisivo não é que a totalidade desse trabalho seja, na realidade, um utilitarismo vazio e genérico, mas sim que esse trabalho exija, apesar de tudo, o gesto e a atitude do amor onde se processa apenas uma obrigação mecânica, com frequência apenas um desvio para esquivar-se das consequências de uma existência espiritual crítica, com a qual o estudante está comprometido. Pois, na realidade, ele é estudante com a finalidade de preocupar-se mais intimamente com o problema espiritual do que com a prática da assistência social. Por fim — e esse é um sinal infalível: do trabalho social dos estudantes não resultou nenhuma renovação do conceito e da apreciação do trabalho social. Para a opinião pública o trabalho social continua sendo aquela mistura singular de ato individual de dever e de compaixão. Os estudantes não conseguiram dar forma à sua necessidade espiritual e, por isso, nunca conseguiram fundar uma comunidade com desígnios verdadeiramente sérios, apenas uma comunidade interessada e zelosa do dever. Aquele espírito tolstoiano que escancarou o abismo descomunal entre existência burguesa e proletária, o conceito de que servir aos pobres é uma tarefa da humanidade e não atividade secundária do estudante, esse conceito que aqui, exatamente *aqui*, exigiria tudo ou nada, aquele espírito que nasceu das ideias dos mais profundos anarquistas e em comunidades monásticas cristãs, aquele espírito verdadeiramente sério de trabalho social, que nunca necessitou de tentativas infantis de empatia com a psique do trabalhador e do povo, não vicejou em comunidades estudantis. Por causa da abstração e do desvinculamento do objeto, malogrou a tentativa de organizar a vontade de uma comunidade acadêmica sob a forma de comunidade de trabalho social. A totalidade do indivíduo ativo e desejoso não encontrou expressão, porque nessa comunidade a sua vontade não podia estar direcionada para a totalidade."

O significado sintomático das tentativas dos "estudantes livres", das tentativas cristão-sociais e de muitas outras reside no fato de reproduzirem microcosmicamente, no âmbito da univer-

Reflexões sobre a criança, o brinquedo e a educação

sidade, a cisão que esta cria com o todo social, no interesse de habilidades voltadas para o Estado e para a vida. Essas tentativas conquistaram um terreno livre na universidade para praticamente todos os egoísmos e altruísmos, para toda evidência e naturalidade da "grande vida"; somente à dúvida radical, à crítica de base e ao mais necessário, à vida que se dedica a uma reconstrução integral, esse espaço é negado. O que se mostra nessas coisas todas não é a vontade de progresso dos "estudantes livres" em oposição ao poder reacionário das corporações.[3] Conforme se tentou demonstrar, e como decorre também da pacata uniformidade da situação geral da universidade, as próprias "organizações estudantis livres" estão muito longe de apresentar uma vontade espiritual refletida a fundo. Até agora a sua voz não se manifestou de maneira decisiva em nenhuma das questões levantadas neste ensaio. Voz indecisa demais para se fazer ouvir. Sua oposição move-se pelos trilhos nivelados da política liberal, o desenvolvimento de seus princípios sociais permaneceu estagnado no nível da imprensa liberal. O "estudantado livre" não examinou a fundo a verdadeira questão da universidade; por isso é amargo direito histórico que as corporações, que outrora vivenciaram combativamente o problema da comunidade acadêmica, apareçam em ocasiões solenes como representantes indignos da tradição estudantil. Nas questões essenciais, o "estudante livre" não traz de forma alguma uma vontade mais séria, uma coragem mais elevada que a corporação, e sua eficácia é quase mais perigosa do que a da corporação, pois mais ilu-

---

[3] *Korps*, no original. O autor se refere a corporações de estudantes movidos por ideologia conservadora, com algumas raízes no nacionalismo oriundo do período romântico (a prática de duelos, por exemplo, constituía uma de suas principais características). (N. do T.)

A vida dos estudantes

sória e enganosa; isso acontece na medida em que essa tendência burguesa, indisciplinada e mesquinha reivindica para si, na vida universitária, a reputação de combatente e libertador. O estudantado atual não se encontra nos lugares onde se luta pela ascensão espiritual da nação, não se encontra de maneira alguma no campo de sua nova luta pela arte, de maneira alguma ao lado de seus escritores e poetas, de maneira alguma nas fontes da vida religiosa. Na verdade, o estudantado alemão enquanto tal não existe. E isso não porque ele não participe das correntes mais recentes e mais "modernas", mas sim porque, enquanto estudantado, ignora todos esses movimentos em sua profundidade; porque este estudantado vai deslizando continuamente pelos canais mais amplos da opinião pública, a reboque desta; porque é a criança mimada e "estragada" de todos os partidos e associações, elogiada por todos, pois pertencente de certo modo a todos; mas inteiramente privado da nobreza que até cem anos atrás conferia visibilidade ao estudantado alemão e o fazia ocupar posições visíveis, como defensor da vida mais elevada.

A falsificação do espírito criador em espírito profissional, que vemos em ação por toda parte, apossou-se por inteiro da universidade e a isolou da vida intelectual criativa e não enquadrada no funcionalismo público. O desprezo, típico de casta, por grupos de artistas e eruditos livres, estranhos ou frequentemente até hostis ao Estado, é um sintoma claro e doloroso dessa situação. Um dos mais renomados professores universitários da Alemanha falou, do alto da cátedra, sobre "os literatos de salões de café, segundo os quais o cristianismo já há muito tempo teria ido à bancarrota". O tom e o acerto destas palavras equilibram-se. De maneira muito mais nítida do que em relação à ciência, que mediante a sua "aplicação prática" simula tendências estatais imediatas, uma universidade assim organizada tem de defrontar-se com as musas de mãos totalmente vazias. Na medida em

Reflexões sobre a criança, o brinquedo e a educação

que se direciona para a profissão, a universidade desencontra-se forçosamente da criação imediata como forma de comunidade. A estranheza hostil, a incompreensão da escola perante a vida exigida pela arte pode ser realmente interpretada como recusa da criação imediata, não relacionada com o cargo. Isso transparece ainda na ausência de autonomia e no comportamento escolar que caracterizam o estudante. A reação mecânica com que o auditório segue o conferencista seria, para uma sensibilidade estética, o fenômeno mais marcante e aflitivo da universidade. Essa medida de receptividade poderia ser compensada tão somente por uma cultura verdadeiramente acadêmica ou sofística do diálogo. Também os seminários estão muito distantes disso, pois se valem sobretudo da forma da exposição oral, pouco importando se quem fala é o professor ou o aluno. A organização da universidade não se baseia mais na produtividade dos estudantes, como estava no espírito dos seus fundadores. Estes pensavam o estudante essencialmente como professor e aluno ao mesmo tempo; como professor, pois produtividade significa independência total, compromisso com a ciência, e não mais com o docente. Onde cargo e profissão constituem, na vida dos estudantes, a ideia dominante, esta não pode ser a ciência. Não pode mais consistir na dedicação a um conhecimento do qual é de se temer que desvie do caminho da segurança burguesa. Tampouco pode consistir na dedicação a uma ciência ou na entrega da vida a uma geração mais jovem. E, no entanto, essa mesma profissão de ensinar — ainda que sob formas completamente diversas das atuais — impõe-se com toda apreensão mais íntima da ciência. Uma tal entrega à ciência e à juventude, entrega cheia de perigos, já deve viver no estudante como capacidade de amar e ser a raiz de sua produção. Mas, ao contrário, a sua vida caminha no séquito dos velhos: ele aprende do professor a sua ciência sem segui-lo na profissão. Renuncia levianamente à comunidade que o liga aos in-

A vida dos estudantes

divíduos criadores e que somente através da filosofia pode obter a sua forma geral. Por um lado, ele deve ser ao mesmo tempo criador, filósofo e professor, e isso em sua natureza essencial e determinante. Daí resulta a forma da profissão e da vida. A comunidade dos homens criadores eleva todo estudo à universalidade: sob a forma da filosofia. Não se conquista tal universalidade à medida que se expõem questões literárias ao jurista, questões jurídicas ao médico (como tentam fazer alguns grupos de estudantes), mas sim na medida em que a comunidade cuida e consegue por si mesma que, ante toda particularização do estudo especializado (que só se consegue preservar com vistas à profissão), acima de todo funcionamento das escolas especializadas, ela própria, a comunidade universitária enquanto tal, seja a criadora e mantenedora de sua forma filosófica, e isso não com os questionamentos da filosofia especializada e limitada, mas sim com as questões metafísicas de Platão e Espinosa, dos românticos e de Nietzsche. Apenas isso, e não visitas guiadas por institutos de assistência, significaria aprofundamento maior da relação entre profissão e vida, neste caso porém uma vida mais profunda. Evitaria o enrijecimento do estudo em um amontoado de conhecimentos. Da mesma forma como as ondas indistintas do povo envolvem o palácio de um príncipe, o estudantado deveria envolver essa universidade que transmite o acervo metodológico do conhecimento, acompanhado das tentativas ora cautelosas, ora ousadas e, contudo, exatas dos novos métodos; envolvê-la enquanto espaço de uma permanente revolução intelectual, onde os novos questionamentos se preparam de maneira mais abrangente do que as questões científicas, de maneira mais incerta e inexata, às vezes brotando também de uma intuição talvez mais profunda. O estudantado seria visto assim em sua função criativa, como o grande transformador com a missão de converter em questões científicas, através de posicionamento filosófico, as ideias que costumam despertar antes na arte e na vida social do que na ciência.

O domínio secreto da ideia de profissão não é a mais íntima dessas falsificações cujo aspecto terrível está em atingirem a vida criativa em seu âmago. Uma concepção de vida banal troca o espírito por imitações. Logra camuflar cada vez mais o caráter perigoso da vida intelectual e zombar das poucas pessoas lúcidas que restam, tachando-as de lunáticas. De maneira ainda mais profunda, a convenção erótica deforma a vida inconsciente dos estudantes. Com a mesma naturalidade com que a ideologia da profissão acorrenta a consciência intelectual, a noção de casamento, a ideia de família pesa sobre Eros como obscura convenção. Parece que este desapareceu de um período que se estende, vazio e indeterminado, entre a existência do filho de família e do pai de família. Onde há unidade na existência do indivíduo que produz e procria, e se essa unidade está dada na forma da família — eis uma questão que não podia ser formulada enquanto predominava a expectativa secreta do casamento, um intervalo ilegítimo durante o qual se poderia, no máximo, comprovar uma admirável capacidade de resistência contra tentações. O Eros dos criadores — caso alguma comunidade possa vislumbrá-lo e lutar por ele, esta seria então a comunidade estudantil. Mas, mesmo onde faltavam todas as condições exteriores da condição burguesa, onde não havia perspectivas de estabelecer situações burguesas, isto é, constituir famílias, onde, em muitas cidades da Europa, uma multidão de milhares de mulheres (as prostitutas) baseia sua existência econômica apenas nos estudantes, mesmo aí o estudante não se perguntou por Eros, que lhe é próprio de maneira primordial. Foi forçoso que ele questionasse a necessidade de separação entre procriação e criação, se uma compete à família e a outra à profissão, ambas deformadas nessa separação, nenhuma delas emanando de sua existência peculiar. Pois é ne-

A vida dos estudantes

cessário abordar a vida dos estudantes atuais com tais questões, por mais doloroso e escarninho que isso possa ser, uma vez que neles, pela própria essência das coisas, esses dois polos da existência humana encontram-se temporalmente lado a lado. Trata-se da questão que nenhuma comunidade pode deixar irresolvida e que, não obstante, desde os gregos e os primeiros cristãos, nenhum outro povo solucionou em sua ideia. Ela sempre pesou sobre os grandes criadores: como estes deveriam corresponder à imagem da humanidade e, ao mesmo tempo, viabilizar comunidades com mulheres e crianças, cuja produtividade está orientada de maneira diferente. Os gregos, como sabemos, recorreram à violência, subordinando o Eros procriador ao Eros criador, de tal modo que o seu Estado, de cuja essência mulheres e crianças estavam banidas, acabou desmoronando. Os cristãos deram a solução possível para a *civitas dei*: refutaram a particularidade em ambos os casos. O estudantado, em seus setores mais progressistas, sempre se limitou a considerações infinitamente estetizantes sobre camaradagem e sobre as companheiras de estudo; não se tiveram pudores em esperar uma "saudável" neutralização erótica dos alunos e alunas. De fato, a neutralização de Eros na universidade deu certo com a ajuda das prostitutas. E onde essa neutralização não se realizou, irrompeu aquela inocuidade tão inconsistente, uma jovialidade tão sufocante, e a estudante com ares de rapaz é saudada entusiasticamente como sucessora da feia e velha professora. Impõe-se aqui a observação genérica de como a Igreja Católica possui instinto tão mais temeroso em relação ao poder e à necessidade de Eros do que a burguesia. Encontra-se soterrada nas universidades uma tarefa enorme, ainda irresolvida e negada, tarefa maior do que as incontáveis outras com as quais o ativismo social vai se desgastando. É a seguinte tarefa: conferir unidade, a partir da vida espiritual, àquilo que, na independência intelectual do criador e no

Reflexões sobre a criança, o brinquedo e a educação

poder indomável da natureza, encontra-se disforme e fragmentado (no estudante das corporações e na prostituição), fitando-nos tristemente como torso de um Eros espiritual. A independência necessária do criador e a inclusão necessária da mulher, que não é produtiva no mesmo sentido do homem, em uma única comunidade de criadores (que atuam através do amor), essa configuração deve todavia ser exigida pelo estudante, pois é a forma de sua vida. Aqui, contudo, prevalecem tão funestas convenções que o estudantado nem sequer fez a sua confissão de culpa pela prostituição, e se tenciona abafar essa imensa devastação blasfema com recomendações de castidade, pois não se tem coragem de encarar o próprio Eros, que é muito mais belo. Essa mutilação da juventude atinge o seu ser de maneira mais profunda do que se poderia demonstrar com muitas palavras. Ela deve ser confiada à consciência dos indivíduos pensantes e à determinação dos corajosos. Ela não é acessível à polêmica.

Como se vê a si mesma, que imagem traz de si, em seu íntimo, uma juventude que permite tamanho obscurecimento de sua própria ideia, tamanha distorção de seus conteúdos de vida? Essa imagem está estampada no espírito das corporações, e este continua sendo o mais visível portador do conceito estudantil de juventude, contra o qual as outras organizações, a dos "estudantes livres" na linha de frente, arremessam as suas palavras de ordem. O estudantado alemão está, em grau maior ou menor, obcecado pela ideia de que precisa gozar a sua juventude. Aquele tempo de espera totalmente irracional por cargo e casamento precisava engendrar por si mesmo um conteúdo qualquer, contanto que fosse ligeiro, pseudorromântico, destinado a passar o tempo. Um terrível estigma pesa sobre a celebrada alegria das canções estudantis, sobre a nova imponência dos jovens: é o medo do vindouro e, ao mesmo tempo, um pactuar sereno com esse

A vida dos estudantes

filisteísmo inevitável, que surge agradavelmente perante nossos olhos como "velho senhor".[4] Já que se vendeu a alma à burguesia, junto com profissão e casamento, apega-se tão firmemente àqueles poucos anos de liberdades burguesas. Procede-se a essa troca em nome da juventude. De maneira aberta ou secreta — nos bares ou nos discursos atordoantes das assembleias — produz-se o êxtase tão caro, que não deve ser perturbado. É a consciência de ter perdido a juventude e vendido a velhice que anela por paz, e essa consciência fez fracassar por fim as tentativas de insuflar vida ao estudantado. Mas, por escarnecer de tudo o que está constituído, essa forma de vida é punida por todos os poderes espirituais e naturais: pela ciência, através do Estado, por Eros, através da prostituta, aniquilada, portanto, pela natureza. Pois os estudantes não são a geração mais jovem, mas sim aquela que envelhece. Reconhecer a idade é uma decisão heroica para aqueles que perderam seus anos juvenis nas escolas alemãs, e aos quais o estudo universitário parecia abrir por fim a vida de jovem, a qual no entanto se lhes foi furtando ano após ano. Mesmo assim é necessário reconhecer que eles precisam ser criadores, isto é, pessoas solitárias e que envelhecem; reconhecer também que já existe uma geração mais rica de adolescentes e crianças, à qual eles só podem se dedicar enquanto professores. De todos os sentimentos, este lhes é o mais estranho. Justamente por isso não se encontram em sua existência e também não estão dispostos a viver desde o início com as crianças — pois isso significa ensinar —, uma vez que jamais adentram a esfera da solidão. Por não reconhecerem a sua idade, continuam ociosos. Apenas a nostalgia

---

[4] *Alter Herr*, no original. Esses "velhos senhores" (*alte Herren*) eram antigos membros das corporações estudantis, os quais exerciam influência sobre as novas gerações e serviam-lhes muitas vezes como "patronos". (N. do T.)

confessada por uma infância bela e uma juventude digna é a condição do criar. Sem isso, sem o lamento por uma grandeza perdida, não será possível nenhuma renovação de sua vida. É o medo da solidão, o medo de entregar-se, que acarreta a dissociação erótica dos estudantes. Salvam a aparência de sua juventude porque têm os pais como referência e não os que nasceram depois. Sua amizade carece de grandeza e solidão. Aquela amizade expansiva dos criadores, voltada ao infinito, sempre dirigida à humanidade, mesmo quando permanecem a dois ou a sós com a sua nostalgia, essa amizade não tem espaço na juventude das universidades. É substituída por essa confraternização pessoal, limitada e desenfreada ao mesmo tempo, que permanece a mesma nos bares ou quando se funda uma associação na mesa de um café. Todas essas instituições de vida assemelham-se a um mercado de coisas provisórias, como a agitação nas aulas e nos cafés, servem apenas para preencher um tempo de espera vazio, para distrair da voz que conclama os estudantes a construir a sua vida a partir do espírito em que se unificam criação, Eros e juventude. Está em jogo a necessidade de uma juventude casta e abnegada, imbuída de respeito pelos pósteros, juventude da qual testemunham os versos de George:

> *Erfinder rollenden gesangs und sprühend*
> *Gewandter zwiegespräche: frist und trennung*
> *Erlaubt dass ich auf meine dächtnistafel*
> *Den frühern gegner grabe — tu desgleichen!*
> *Denn auf des rausches und der regung leiter*
> *Sind beide wir im sinken· nie mehr werden*
> *Der knaben preis und jubel so mir schmeicheln·*
> *Nie wieder strofen so im ohr dir donnern.*

[Inventores de canções retumbantes, de diálogos
Faiscantes, desenvoltos: prazo e separação

A vida dos estudantes

Permiti que inscreva na tábua da memória
O antigo adversário — faze o mesmo!
Pois na escada do êxtase e da emoção
Estamos ambos a soçobrar· nunca mais
A exaltação e o júbilo dos jovens lisonjear-me-ão assim·
Nunca mais troarão a teus ouvidos estrofes como estas.][5]

Por falta de coragem, a vida dos estudantes distanciou-se de um tal conhecimento. Toda forma de vida e seu ritmo emanam, contudo, dos mandamentos que determinam a vida dos criadores. Enquanto os estudantes se subtraírem a isso, a sua existência os punirá com fealdade, e mesmo o indivíduo embotado será atingido, em pleno coração, pela desesperança.

Trata-se ainda da necessidade extrema e ameaçada, a orientação rigorosa se faz necessária. Todo aquele que questionar a sua vida com a exigência mais elevada encontrará os próprios mandamentos. Libertará o vindouro de sua forma desfigurada, reconhecendo-o no presente.

(1915)

---

[5] Benjamin reproduz aqui o poema "H. H.", que consta de uma das seções do volume *Das Jahr der Seele* [O ano da alma] (1897), cujo título remonta a um verso de Hölderlin: "E de novo começa um ano de nossa alma". Entre as singularidades da lírica de Stefan George (1868-1933) estão a grafia dos substantivos com letra inicial minúscula e um extravagante uso da pontuação. (N. do T.)

André Gide: *La porte étroite*[1]

Culpa e felicidade manifestam-se na vida das crianças com mais pureza do que na existência posterior, pois todas as manifestações na vida infantil não pretendem outra coisa senão conservar em si os sentimentos essenciais. Aqui, as hostes inimigas, culpa e felicidade, ainda se encontram inseridas em seu cenário, no terreno pacífico da futura batalha, da qual somente os anos vindouros conseguirão avaliar o desenrolar ambíguo e o desenlace que tudo decide. Por isso, nada mais reconfortante e, ao mesmo tempo, elucidativo do que permitir ao olhar que, da altura desses anos, venha repousar sobre os campos da infância — campos cortados por abismos, embora também pacificados. Acontece que é necessário alcançar primeiro essa altura, para que então a infância possa ser comparada com a seriedade do destino dominante, como nos episódios infantis libertadores e elucidativos de *Os irmãos Karamázov*. Por outro lado, o caminho inver-

---

[1] A narrativa *La porte étroite* [A porta estreita] (título que remete ao Evangelho de Lucas, 13:24) foi publicada em 1909, e nesse mesmo ano saiu a tradução alemã. Como se depreende de uma carta a Ernst Schoen, Benjamin escreveu esta crítica da narrativa de Gide em outubro de 1919, pouco depois de tê-la lido no original francês. O texto não foi publicado durante a sua vida. (N. do T.)

Reflexões sobre a criança, o brinquedo e a educação

so, isto é, que vai da infância à vida adulta do homem ou da mulher, não deve constituir assunto para um artista que luta pela imagem indissimulável de culpa e felicidade, que luta pela fisionomia moral de seu herói. Pois somente a partir daquela altura torna-se possível alcançar a visão da infância enquanto campo de batalha onde reina a paz — visão que muito tem a ver com o autor em questão — e alcançar ainda o seu desvendamento mediante o poder da felicidade e da culpa; a contemplação que, ao contrário, se obstina em permanecer no terreno da infância, por mais maravilhosas que sejam as coisas que venha a extrair, não descortina a seriedade da infância, plena de afinidades com a tristeza do adulto.

André Gide escolheu esse assunto insolúvel. *La porte étroite*, a porta estreita, não é tanto aquela usada pelos virtuosos como uma outra, pela qual as crianças podem entrar no céu. Mas, uma vez que na realização da criança e na sua transformação em homem atuam forças inteiramente novas, que em nenhuma outra parte se preparam e se encontram senão em Deus, isso não constitui tema para a arte. Gide procura elevar a infância a uma altura tal que chegue ao último céu, a Deus; procura assim moldar a sua seriedade de maneira a mais profunda. Apesar de tudo isso, ele não consegue fazê-la percorrer todos os estágios terrenos de sua evolução, e a trajetória da alma transcorre com arbitrariedade meteórica, já que aquilo que deve ser apresentado, isto é, a última devoção séria da infância, cabe apenas à recordação do homem adulto, e não ao presente do jovem em crescimento. Gide procura encurtar esse caminho tão penoso e, por reconhecer a devoção em sua força dinâmica, procura movimento entre as crianças. Mas logo se percebe que resulta ineficaz a sua tentativa de tornar plenamente visível a devota seriedade desse movimento, aquela seriedade que é como uma oração que emana da batalha. O mesmo não ocorre com Dostoiévski, que levanta no

André Gide: *La porte étroite*

interior do homem um espelho no qual a seriedade e a alegria das crianças, movidas por força comovente, despertam naquele que o contempla a visão da culpa e da felicidade.

O movimento, aprisionado em um amor como o ar em uma rede, procura debalde cristalizar-se em força decisiva. É de se prever que ele vai fracassar — e mais do que isso: que o movimento vai atolar antes mesmo que possa desdobrar a sua própria força. O livro trata de um amor infantil que procura o caminho do céu através da porta estreita. Ele acredita poder encontrar essa sua pátria apenas pela renúncia, uma renúncia que retira seu fundamento não de preceitos ou valores religiosos, mas sim do próprio sopro do movimento, sentido demasiado cedo. A menina afasta-se lenta, porém implacavelmente do menino, para que este se volte a Deus. Isso acontece de uma forma inteiramente imotivada, como se a menina obedecesse ao chamado de uma voz. A arbitrariedade de sua ação acabrunha o rapaz e aflige o leitor, como um enigma cuja solução não promete nada de bom. O leitor reconhece aquilo sobre o que as personagens do livro não possuem clareza, que não é uma revelação, um mandamento irrevogável que subjaz à ação de Alissa, mas sim confusão interior, portanto arbitrariedade. Enquanto a verdade consumada do movimento inspira o livro em todos os detalhes, uma verdade que revela a aspiração do autor pela vida autêntica, interiormente o conjunto rompe-se por isso mesmo em *um* único ponto. O desenrolar frustra-se em si mesmo, e o equívoco infinito da predisposição inicial vem à tona. Alissa leva consigo à sepultura uma cruz de ametista que outrora, como um presente dela, fora muito cara ao seu amado, e, ao retornar às suas mãos, a cruz sela definitivamente a separação. Após, porém, todo o acontecido, essa cruz está demais ali, como um seixo que jaz aos pés dos bem-aventurados no céu. De uma maneira ardilosa e até mesmo banal, este pobre símbolo da lembrança denuncia o defeito de tais

Reflexões sobre a criança, o brinquedo e a educação

acontecimentos. Estes definham (como tudo o que é banal) não em virtude de um sentimento propriamente falso, antes de um sentimento que, por força de uma disposição primordial, fracassa em sua própria expressão.

Aquilo que Gide procurava na infância não se podia encontrar nela. Revolve o seu chão como um desesperado, mas o tesouro não se encontra aí, nem mesmo a felicidade pode ser encontrada, apenas a sua descrição para o observador que saiba a seu respeito. Esse escapar por entre as mãos, esse malogro é o que o próprio Gide havia sentido, é aquilo que ele anuncia já no início e que ao final o compele ao lamento. Pois já as suas primeiras palavras, com as quais ele gostaria de evitar que a designação da obra se confundisse com essa história, apontam para o fracasso. "D'autres en auraient pu faire un livre."[2] Registra esse acontecimento não porque a sua consumação o teria comovido, mas sim porque o seu malogro o abalou; registra-o para fazê-lo seguir-se do lamento para o qual se move toda ofensa — tanto interior como exterior — à infância.

(1919)

---

[2] "Outros poderiam ter feito disso um livro", citado no original francês. (N. do T.)

Livros infantis
velhos e esquecidos[1]

"Por que vocês colecionam livros?" — já se fez algum dia uma tal pesquisa com os bibliófilos, para exortá-los assim à autoconsciência? Quão interessantes não seriam então as respostas, pelo menos as sinceras. Pois apenas o não iniciado poderia acreditar que aqui não haja nada para esconder ou atenuar. Altivez, solidão, amargura, eis o lado noturno de mais de uma culta e bem--sucedida natureza de colecionador. Toda paixão revela de vez em quando seus traços demoníacos e, como nenhuma outra, a história da bibliofilia pode falar a esse respeito. — Nada disso se encontra no "credo do colecionador" de Karl Hobrecker, cuja vasta coleção de livros infantis se torna agora conhecida do público através de sua obra.[2] A quem não se deixe sensibilizar pela pes-

---

[1] O texto aqui traduzido constitui a versão integral da resenha publicada, sob o título "Velhos livros infantis", na edição natalina (1924) de um jornal de Leipzig (*Illustrierte Zeitung*). Algumas formulações deste texto foram retomadas por Benjamin, com ligeiras alterações, no ensaio "Visão do livro infantil" e em seu livro *Rua de mão única* (capítulo "Canteiro de obras", também incluído neste volume). (N. do T.)

[2] Karl Hobrecker, *Alte vergessene Kinderbücher* [Livros infantis velhos e esquecidos], Berlim, Mauritius, 1924, 160 pp.

Reflexões sobre a criança, o brinquedo e a educação

soa amável e refinada do autor, a quem ainda o livro nada diga em nenhuma de suas páginas, que a este baste então a simples consideração: descobrir esse campo de atividade para o colecionador — o livro infantil — só é possível a quem se tenha mantido fiel à alegria que ele desperta na criança. Essa fidelidade é a origem da biblioteca de Hobrecker, e toda coleção, para prosperar, precisará de um impulso semelhante. Um livro, uma página de livro apenas, ou até mesmo uma mera gravura em um exemplar antigo e fora de moda, herdado talvez da mãe ou da avó, pode ser o apoio em torno do qual a primeira e delicada raiz desse impulso se enlaça. Não importa se a capa está solta, se faltam páginas e se vez ou outra mãos desastradas mancharam as xilogravuras. A procura por belos exemplares é legítima, mas exatamente aqui ela dará o que fazer ao pedante. E é bom que a pátina, tal como mãos infantis pouco asseadas a deixaram sobre as folhas, mantenha afastado o bibliófilo esnobe.

Quando Karl Hobrecker, há 25 anos, estabeleceu as bases de sua coleção, os livros infantis antigos eram usados como papel de embrulho. Ele foi o primeiro a abrir-lhes um asilo, onde estivessem a salvo, por um certo tempo, da máquina de triturar papel. É possível que entre os milhares de livros que lotam suas estantes algumas centenas se encontrem aí como último exemplar. Não é absolutamente cheio de dignidade e com ares de autoridade que esse pioneiro dos livros infantis se apresenta perante o público com a sua obra. Ele não almeja o reconhecimento de seu trabalho, mas sim a participação do leitor na beleza descortinada pela sua obra. Todo o aparato erudito, em especial um apêndice bibliográfico com cerca de duzentos dos mais importantes títulos, constitui acessório que, embora bem-vindo ao colecionador, não aborrece o leigo. O livro infantil alemão — assim o autor nos introduz em sua história — nasceu com o Iluminismo. Com sua forma de educação, os filantropos colocavam

Livros infantis velhos e esquecidos

à prova o imenso programa de formação humanista. Se o homem era piedoso, bondoso e sociável por natureza, então deveria ser possível fazer da criança, ser natural por excelência, o homem mais piedoso, mais bondoso e mais sociável. E como em toda pedagogia teoricamente fundamentada a técnica da influência objetiva só é descoberta mais tarde e aquelas advertências problemáticas constituem o início da educação, assim também o livro infantil, nos primeiros decênios, torna-se moralista, edificante e varia o catecismo, junto com a exegese, no sentido do deísmo. Hobrecker é implacável na condenação desses textos. Em muitos casos, não se poderá negar sua aridez e mesmo sua falta de significado para a criança. Contudo, esses erros já superados são mínimos quando comparados com os equívocos que, graças a uma suposta empatia com a natureza infantil, estão em voga hoje em dia: a jovialidade desconsolada e desfigurada das histórias rimadas, as sardônicas caretas de bebê pintadas por "amigos de crianças" despojados de toda sutileza. A criança exige do adulto uma representação clara e compreensível, mas não "infantil". Muito menos aquilo que o adulto costuma considerar como tal. E já que a criança possui senso aguçado mesmo para uma seriedade distante e grave, contanto que esta venha sincera e diretamente do coração, muita coisa se poderia dizer a respeito daqueles textos antigos e fora de moda. Ao lado da cartilha e do catecismo, também a enciclopédia ilustrada, o vocabulário ilustrado, ou como se queira chamar o *Orbis pictus* de Amos Comenius, encontra-se nas origens do livro infantil. O Iluminismo apropriou-se a seu modo também desse gênero e produziu a monumental *Elementarwerk* [Obra elementar] de Basedow. Também quanto ao texto esse livro é agradável sob muitos aspectos. Pois ao lado de uma extensa lição universal que, em consonância com a época, faz valer a "utilidade" de todas as coisas — tanto da matemática como da arte de equilibrar-se

Orbis pictus. Neuhaldensleben, s.d.
Exemplo de "vocabulário ilustrado" a que se refere Walter Benjamin.
Nesta imagem, 23 objetos se iniciam com a letra P em alemão:
Pistole (pistola), Papagei (papagaio), Pinie (pinheiro)…

Livros infantis velhos e esquecidos

sobre cordas —, surgem histórias morais de uma drasticidade tal que chegam a tocar, e não involuntariamente, o cômico. Ao lado desses dois títulos mereceria menção a obra *Bilderbuch für Kinder* [Livro ilustrado para crianças], surgida posteriormente. Este livro compreende 12 volumes, cada um com cem gravuras em cobre coloridas, e foi publicado em Weimar, sob a direção de J. F. Bertuch, entre os anos de 1792 a 1847. Essa enciclopédia ilustrada demonstra em sua cuidadosa execução com que zelo se trabalhava então para as crianças. Hoje a maioria dos pais se horrorizaria com a suposição de colocar essa preciosidade nas mãos dos filhos. Inteiramente imperturbável, Bertuch exorta o leitor em seu prefácio a recortar as gravuras. Finalmente, o conto maravilhoso e a canção — a certa distância também o livro folclórico e a fábula — representam igualmente variadas fontes para o conteúdo textual dos livros infantis. Fontes, certamente, as mais puras. Pois é de um preconceito inteiramente moderno que se originou a atual literatura romanesca para jovens, criação sem raízes tomada por uma seiva baça. Trata-se do preconceito de que as crianças são seres tão distantes e incomensuráveis que é preciso ser especialmente inventivo na produção do entretenimento delas. É ocioso ficar meditando febrilmente na produção de objetos — material ilustrado, brinquedos ou livros — que seriam apropriados às crianças. Desde o Iluminismo é esta uma das mais rançosas especulações do pedagogo. Em sua unilateralidade, ele não vê que a Terra está repleta dos mais puros e infalsificáveis objetos da atenção infantil. E objetos dos mais específicos. É que crianças são especialmente inclinadas a buscarem todo local de trabalho onde a atuação sobre as coisas se processa de maneira visível. Sentem-se irresistivelmente atraídas pelos detritos que se originam da construção, do trabalho no jardim ou na marcenaria, da atividade do alfaiate ou onde quer que seja. Nesses produtos residuais elas reconhecem o rosto que

Reflexões sobre a criança, o brinquedo e a educação

o mundo das coisas volta exatamente para elas, e somente para elas. Neles, estão menos empenhadas em reproduzir as obras dos adultos do que em estabelecer uma relação nova e incoerente entre esses restos e materiais residuais. Com isso as crianças formam o seu próprio mundo de coisas, um pequeno mundo inserido no grande. Um tal produto de resíduos é o conto maravilhoso, talvez o mais poderoso que se encontra na história espiritual da humanidade: resíduos do processo de constituição e decadência da saga. A criança consegue lidar com os conteúdos do conto maravilhoso de maneira tão soberana e descontraída como o faz com retalhos de tecidos e material de construção. Ela constrói o seu mundo com os motivos do conto maravilhoso, ou pelo menos estabelece vínculos entre os elementos do seu mundo. Coisa semelhante se pode dizer da canção. E a fábula — "em seus bons momentos a fábula pode representar um produto espiritual de maravilhosa profundidade, cujo valor a criança percebe certamente em pouquíssimos casos. Também podemos duvidar que os jovens leitores apreciem a fábula em virtude da moral que a acompanha, ou que a utilizem para aperfeiçoar a sua capacidade de compreensão, como por vezes supunha, e sobretudo desejava, uma certa sabedoria alheia à esfera das crianças. Seguramente, os pequenos se divertem mais com o animal que fala de forma humana e age racionalmente do que com o texto mais rico de ideias". Em outra passagem se diz: "A literatura especificamente juvenil começou com um grande fiasco, isto é certo". E em muitos e muitos casos, podemos nós acrescentar, permaneceu como tal.

Uma coisa salva o interesse mesmo das obras mais antiquadas e tendenciosas dessa época: a ilustração. Esta furtou-se ao controle das teorias filantrópicas, e artistas e crianças se entenderam, passando por cima dos pedagogos. Não que os artistas tivessem trabalhado exclusivamente em função das crianças. Os

Livros infantis velhos e esquecidos

livros de fábulas mostram que esquemas semelhantes aparecem de forma mais ou menos variada nos contextos mais diversificados. Do mesmo modo, os livros ilustrados remetem, por exemplo na representação das sete maravilhas do mundo, a estampas do século XVII ou talvez mais antigas ainda. Como mera suposição, pode-se arriscar a dizer que a ilustração dessas obras está em relação histórica com a emblemática do barroco. Esses âmbitos não são tão estranhos entre si, como bem se poderia pensar. Por volta do final do século XVIII surgem livros ilustrados que reúnem uma variedade colorida de coisas em uma página — e coisas sem nenhuma afinidade figural. São objetos que começam com a mesma letra: ananás, âncora, abelha, atlas etc. Anexas vinham as traduções desses vocábulos para uma ou mais línguas. Nesses termos, a tarefa artística tinha afinidades com a dos desenhistas barrocos, que combinavam objetos alegóricos numa escrita visual, e em ambas as épocas surgiram soluções engenhosas e altamente significativas. Nada chama tanto a atenção quanto o fato de que durante o século XIX, que em virtude do crescimento de seu saber universal precisou sacrificar tantos bens culturais do século anterior, o livro infantil não sofreu perdas, nem em relação ao texto nem quanto às ilustrações. É certo que após 1810 deixam de surgir obras tão finamente elaboradas como as vienenses *Fábulas de Esopo* (segunda edição publicada por H. F. Müller, Viena, sem data), obra que eu me sinto feliz em poder acrescentar à lista de Hobrecker. Não é de forma alguma em relação ao refinamento do traço e do colorido que o livro infantil do século XIX poderia competir com os seus predecessores. Seu encanto reside em grande parte no primitivo, enquanto documentos de uma época em que a antiga manufatura se defronta com os inícios de novas técnicas. A litografia predomina a partir de 1840, ao passo que antes se encontram frequentemente motivos do século XVIII em gravuras em cobre. A época

As fábulas de Esopo. Viena, segunda edição, H. F. Müller.
Da coleção Walter Benjamin.

Livros infantis velhos e esquecidos

Biedermeier,[3] durante os anos 1820 e 1830, é característica e nova apenas no colorido.

"A mim parece que na época do *Biedermeier* vigora uma preferência pelo carmim, pelo laranja e pelo ultramarino; também um verde brilhante é usado de múltiplas maneiras. Ao lado dessas vestes cintilantes, ao lado do anil do céu, das selvagens labaredas de vulcões e incêndios, ao lado disso tudo onde ficam as simples gravuras em preto e branco, feitas em cobre ou pedra, que em geral eram boas o suficiente para os monótonos adultos? Onde florescem novamente tais rosas, onde fulguram tais maçãs e rostos com faces tão rubras, onde reluzem ainda tais hussardos em seus dólmãs verdes e uniformes purpúreos e cingidos pelo amarelo? Mesmo a cartola simples e cinzenta do nobre pai, o chapéu amarelo da bela mãe despertam a nossa admiração."

Esse mundo de cores ostensivo e autossuficiente é inteiramente reservado ao livro infantil. A pintura resvala pelo efeito vazio quando o colorido, o transparente ou a policromia dos tons prejudicam a sua relação com a superfície. Todavia, nas imagens dos livros infantis o objeto representado e a autonomia do material gráfico acarretam a impossibilidade de se pensar numa síntese entre cor e superfície. Liberta de toda responsabilidade, a fantasia pura se deleita nesses jogos de cores. Pois os livros infantis não

---

[3] A expressão *Biedermeier* deriva da junção dos nomes *Bieder*mann e Bummel*meier*, tipos de filisteu criados em 1848 pelo escritor Victor von Scheffel. Passou então a designar o período que se estende, sob a égide da Restauração, entre os anos de 1815 e 1848, marcado por valores conservadores e pequeno-burgueses. Na pintura e na literatura, o estilo *Biedermeier* caracteriza-se pelo caráter apolítico e por temas que enaltecem a solidez da vida burguesa. (N. do T.)

Reflexões sobre a criança, o brinquedo e a educação

servem para introduzir os seus leitores, de maneira imediata, no mundo dos objetos, animais e seres humanos, para introduzi-los na chamada vida. Só aos poucos o seu sentido vai se constituindo no exterior, e isso apenas na medida em que se estabelece uma correspondência adequada com o seu interior. A interioridade dessa contemplação reside na cor, e em seu meio desenrola-se a vida sonhadora que as coisas levam no espírito das crianças. Elas aprendem no colorido. Pois na cor, como em nenhum outro lugar, a contemplação sensual e não nostálgica está em casa.

Os fenômenos mais notáveis surgem porém por volta do final do *Biedermeier*, nos anos quarenta, simultaneamente com a expansão da civilização técnica e o nivelamento da cultura, o qual não estava desvinculado desse contexto. Consuma-se então a desintegração das formas sociais medievais, organizadas por esferas. Nesse processo, acontecia às vezes de as substâncias mais nobres e refinadas ficarem por baixo de tudo, e isso explica por que o observador mais perspicaz encontra exatamente nas camadas inferiores da criação literária e artística — como nos livros infantis — aqueles elementos que ele procura em vão nos documentos reconhecidos da cultura. O entrelaçamento de todos os extratos espirituais e formas de ação evidencia-se plenamente na existência de um membro da *bohème* daqueles dias, o qual infelizmente não encontrou espaço na exposição de Hobrecker, embora devamos a ele alguns dos mais completos, seguramente também dos mais raros livros infantis. É Johann Peter Lyser, o jornalista, poeta, pintor e músico. O *Fabelbuch* [Livro das fábulas] de A. L. Grimm com ilustrações de Lyser (Grimma, 1827), o *Buch der Mährchen für Töchter und Söhne gebildeter Stände* [Livro de contos maravilhosos para filhas e filhos das classes cultas] (Leipzig, 1834), com texto e ilustrações de Lyser, e *Linas Mährchenbuch* [Livro de contos maravilhosos de Lina], com texto de A. L. Grimm e ilustrações de Lyser (Grimma, sem indicação

Livros infantis velhos e esquecidos

Livro de histórias para o quarto das crianças, de Franz Hoffmann, Stuttgart, 1850. "Mas no mesmo instante ouviu-se um estalo. O galho, sobre o qual os dois ladrões de ninho se encontravam, quebrou e eles foram caindo de galho em galho e tombaram pesadamente no chão."

de ano), eis aqui três das suas mais belas produções para crianças. O colorido de suas litografias contrasta com as tonalidades coruscantes do *Biedermeier* e combina tanto melhor com a expressão acabrunhada e consumida de não poucas figuras, com a paisagem dominada pela sombra, com a atmosfera de conto maravilhoso que não vem isenta de um toque irônico-satânico. O nível vulgar em que se desenvolveu essa arte tão original pode ser documentado da maneira mais concludente na obra *Abendländischen tausendundeinen Nacht* [As mil e uma noites do Ocidente], em vários volumes e adornada com litografias próprias.

Uma miscelânea anódina, haurida em fontes turvas, de contos de fadas, sagas, lendas locais e histórias horripilantes, publicada nos anos trinta pela editora F. W. Goedsche, em Meissen. Para o colecionador, as cidades mais banais da Alemanha central — Meissen, Langensalza, Potschappel, Grimma, Neuhaldensleben — inserem-se numa topografia mágica. Com frequência, mestres-escolas terão atuado ao mesmo tempo como escritores e ilustradores, e imagine-se o aspecto de um livrinho que, em 32 páginas e oito litografias, apresenta à juventude de Langensalza os deuses da *Edda*.[4]

Mas para Hobrecker o foco de interesse situa-se menos aqui do que no período entre os anos quarenta e sessenta. E precisamente em Berlim, onde o desenhista Theodor Hosemann dedicava o seu talento tão delicado sobretudo às ilustrações de obras infantis. Mesmo as páginas menos elaboradas recebem da agradável frescura das cores, da simpática sobriedade na expressão das figuras, uma marca que faz a alegria de todo berlinense nato. É certo que os trabalhos anteriores do mestre, menos esquemáticos e em menor número, como as encantadoras ilustrações para a *Boneca Wunderhold*, um exemplar primoroso da coleção de Hobrecker, estão para o colecionador num patamar superior ao dos trabalhos mais difundidos, reconhecíveis nos antiquários em seu formato uniforme e na marca da editora Berlim, Winckelmann & Filhos. Ao lado de Hosemann, trabalharam Ramberg, Richter, Speckter, Pocci, para não falar dos menores. Em suas xilogravuras em branco e preto, abre-se um mundo próprio para a percepção infantil. O seu valor original é equivalente ao das gravuras coloridas e desempenha função complementar. A imagem

---

[4] *Edda* é uma coleção de velhas canções e sentenças nórdicas e islandesas, compiladas entre os séculos VII e XII. (N. do T.)

Capa do livro *Viagem ao país da felicidade*, Paris, *c.* 1840, ilustrado com litografias. Da coleção Walter Benjamin.

colorida faz com que a fantasia infantil mergulhe sonhando em si mesma. A xilogravura em branco e preto, reprodução sóbria e prosaica, tira a criança de seu próprio interior. A exortação taxativa à descrição, contida em tais imagens, desperta a palavra na criança. Mas, assim como descreve essas imagens com palavras, a criança as descreve de fato. Ela habita nas imagens. A sua superfície não é, como a colorida, um *noli me tangere* — nem em si mesma e

Reflexões sobre a criança, o brinquedo e a educação

nem para a criança. Antes, é apenas alusiva, carente de um certo adensamento. A criança penetra nessas imagens com palavras criativas. E assim ocorre que ela as "descreve" no outro sentido do termo, ligado aos sentidos. Cobre-as de rabiscos. Nessas imagens, aprende ao mesmo tempo a linguagem oral e a escrita: os hieróglifos. O autêntico significado desses livros infantis, com seus singelos grafismos, está portanto muito distante da drasticidade embotada que levava a pedagogia racionalista a recomendá-los. Mas também aqui se confirma: "Com frequência, o filisteu tem razão na coisa em si, nunca porém nos motivos". Pois essas imagens, como nenhuma outra, introduzem a criança na língua e na escrita — uma verdade em cujo âmbito as primeiras palavras da velha cartilha costumavam receber o desenho daquilo que significavam. Gravuras de cartilha coloridas, tal como estão surgindo agora, são um equívoco. A criança desperta no reino das gravuras não coloridas, assim como vivencia plenamente os seus sonhos no reino das coloridas.

Em toda historiografia, o confronto com o passado recente está sempre envolto em polêmica. Na inofensiva história do livro infantil isso também não é diferente. Na avaliação dos livros juvenis a partir do último quartel do século XIX, as opiniões divergirão com muita facilidade. Talvez Hobrecker, ao condenar esse tom professoral e inoportuno, tenha prestado pouca atenção às deformações menos aparentes da recente literatura juvenil. Todavia, não era essa a sua tarefa. O orgulho pelo conhecimento psicológico da vida interior da criança, conhecimento que em profundidade e valor vital jamais pode ser comparado com uma antiga pedagogia, como a *Levana* de Jean Paul,[5] fomentou

---

[5] Jean Paul é o pseudônimo de Johann Paul Friedrich Richter (1763-1825), importante escritor da época do idealismo alemão. Sua extensa obra narrativa (sá-

Livros infantis velhos e esquecidos

Xilogravura em preto e branco que ilustra a capa de uma antiga edição alemã de *Robinson Crusoé*, século XVIII. Da coleção Walter Benjamin.

uma literatura que, em seus vaidosos caprichos pela atenção do público, perdeu o caráter ético que confere dignidade mesmo às mais frágeis tentativas da pedagogia classicista. O seu lugar foi

---

tiras, idílios pequeno-burgueses, alentados romances de formação etc.) caracteriza-se por uma imaginação não raro bastante extravagante. *Levana, ou Teoria educacional* é, porém, um tratado pedagógico e foi publicado em 1807. A admiração de Walter Benjamin por Jean Paul transparece em outros ensaios deste volume. (N. do T.)

Reflexões sobre a criança, o brinquedo e a educação

ocupado pela dependência em relação às palavras de ordem da imprensa diária. O entendimento secreto entre o artesão anônimo e o leitor infantil desaparece; cada vez mais escritor e ilustrador dirigem-se à criança mediante o meio ilícito das preocupações e modas fúteis. O gesto adocicado, que corresponde não à criança, mas às concepções distorcidas que se tem dela, sente-se a gosto nessas ilustrações. O formato perde a nobre discrição e torna-se incômodo. É verdade que, em todo esse *kitsch*, estão contidos os mais valiosos documentos histórico-culturais, mas são ainda demasiado recentes para que se possa ter com eles uma alegria pura.

Seja como for, na própria obra de Hobrecker vigora, tanto em sua forma interna como externa, o charme dos livros infantis mais delicados e românticos. Xilogravuras, imagens coloridas de página inteira, silhuetas e figuras de refinado colorido acompanhando o texto fazem dele um livro doméstico muito agradável, que não apenas proporcionará o deleite do adulto, mas que também poderá estimular a criança a soletrar nos velhos textos de cartilha ou a procurar entre as ilustrações modelos para pintar. Ao colecionador, porém, apenas o temor de ver os preços subirem poderá lançar sombra sobre a sua alegria. Em compensação, fica-lhe a esperança de que um ou outro pequeno volume, entregue displicentemente à destruição, possa ficar devendo a sua salvação a essa obra.

(1924)

Visão do livro infantil

"Grüne Schimmer schon im Abendrot"
[Reflexos verdes já no crepúsculo]

C. F. Heinle[1]

Em uma história de Andersen aparece um livro cujo preço valia a "metade do reino". Nele tudo estava vivo. "Os pássaros cantavam e as pessoas saíam do livro e falavam." Mas quando a princesa virava a página "pulavam imediatamente de volta, para que não houvesse nenhuma desordem". Delicada e imprecisa, como tanta coisa que ele escreveu, também essa pequena criação passa ao lado daquilo que é o mais essencial aqui. Não são as coisas que saltam das páginas em direção à criança que as vai imaginando — a própria criança penetra nas coisas durante o contemplar, como nuvem que se impregna do esplendor colorido desse mundo pictórico. Diante de seu livro ilustrado, a criança coloca em prática a arte dos taoistas consumados: vence a parede ilusória da superfície e, esgueirando-se por entre tecidos e bastidores coloridos, adentra um palco onde vive o conto maravilhoso. *Hoa,*

---

[1] Christoph Friedrich Heinle (1894-1914), amigo de Benjamin dos tempos da universidade e do movimento estudantil. Suicidou-se alguns dias após a eclosão da guerra. Benjamin gostava muito dos versos de Heinle e certa vez chegou a caracterizá-lo como um tardio descendente alemão de François Villon. Entre 1915 e 1925 o próprio Benjamin escreveu um ciclo de 73 sonetos em memória do amigo morto. (N. do T.)

Reflexões sobre a criança, o brinquedo e a educação

o "aquarelar" chinês, é o mesmo que *kua*, "pendurar": "penduram-se" cinco cores nas coisas. "Aplicar" cores, diz a língua alemã. Nesse mundo permeável, adornado de cores, em que a cada passo as coisas mudam de lugar, a criança é recebida como participante. Fantasiada com todas as cores que capta lendo e contemplando, a criança se vê em meio a uma mascarada e participa dela. Lendo — pois se encontraram as palavras apropriadas a esse baile de máscaras, palavras que revolteiam confusamente no meio da brincadeira como sonoros flocos de neve. "Príncipe é uma palavra cingida por uma estrela", disse um menino de sete anos. Ao elaborar histórias, crianças são cenógrafos que não se deixam censurar pelo "sentido". Pode-se colocar isso facilmente à prova. Que se indiquem quatro ou cinco palavras determinadas para que sejam reunidas em uma curta frase, e assim virá à luz a prosa mais extraordinária: não uma visão do livro infantil, mas um indicador de caminhos. De repente as palavras vestem seus disfarces e num piscar de olhos estão envolvidas em batalhas, cenas de amor e pancadarias. Assim as crianças escrevem, mas assim elas também leem seus textos. E existem cartilhas raras e arrebatadoras que desenvolvem semelhante jogo através de imagens. Na página dedicada à letra A, por exemplo, encontra-se uma natureza-morta em forma de torre, bastante enigmática até se descobrir que aqui se reuniram águia, ameixa, âncora, aranha, avestruz, ananás, alaúde, abelha, abecedário, árvore, ancinho etc. As crianças conhecem tais figuras tão bem como o próprio bolso, elas já as revolveram de todas as formas, reviraram-nas de pernas para o ar sem esquecer nenhum fiozinho ou pedacinho. E se, debruçada sobre a gravura em cobre colorida, a fantasia da criança aprofunda-se sonhadora em si mesma, a xilogravura em branco e preto, reprodução sóbria e prosaica, tira a criança de seu próprio interior. A exortação taxativa à descrição, contida em tais imagens, desperta a palavra na criança. Mas, as-

O guarda-chuva maravilhoso: uma narrativa. Neuruppin, Gustav Kühn. Da coleção Walter Benjamin.

sim como descreve essas imagens com palavras, ela as "descreve" de fato. Cobre-as de rabiscos. Ao contrário de toda superfície colorida, a superfície destas ilustrações é como que apenas alusiva, carente de um certo adensamento. A criança penetra nessas imagens com palavras criativas. Nessas imagens, aprende ao mesmo tempo a linguagem oral e a escrita: os hieróglifos. Em cujos signos ainda hoje se confere às primeiras palavras da cartilha o contorno das coisas que significam: ovo, chapéu etc. O valor autêntico de tais livros infantis, com seus singelos grafismos, está portanto muito distante da drasticidade embotada que levava a pedagogia racionalista a recomendá-los. — "Como a criança guarda na memória um lugarzinho", como atravessa a sua paisagem pictórica com os olhos e com o dedo, isso é dito em exemplares rimas infantis tiradas de um antigo livro ilustrado:

> *Vor dem Städtlein sitzt ein Zwerglein,*
> *Hinterm Zwerglein steht ein Berglein,*
> *Aus dem Berglein fliesst ein Bächlein,*
> *Auf dem Bächlein schwimmt ein Dächlein,*
> *Unterm Dächlein steckt ein Stüblein,*
> *In dem Stüblein sitzt ein Büblein,*
> *Hinterm Büblein steht ein Bänklein,*
> *Auf dem Bänklein ruht ein Schränklein,*
> *In dem Schränklein steht ein Kästlein,*
> *In dem Kästlein liegt ein Nestlein,*
> *Vor dem Nestlein sitzt ein Kätzlein,*
> *Merken will ich mir das Plätzlein.*

> [Diante da cidadezinha está sentado um anãozinho,
> Atrás do anãozinho há uma montanhinha,
> Da montanhinha corre um riozinho,
> Sobre o riozinho flutua um telhadinho,
> Debaixo do telhadinho fica um quartinho,

Visão do livro infantil

No quartinho está sentado um menininho,
Atrás do menininho há um banquinho,
Em cima do banquinho está um armariozinho,
Dentro do armariozinho há uma caixinha,
Na caixinha encontra-se um ninhozinho,
Em frente ao ninhozinho está sentado um gatinho,
E assim eu quero guardar esse lugarzinho.][2]

Nos desenhos-enigma a criança persegue o "ladrão", o "aluno preguiçoso" ou o "professor escondido" de uma forma menos sistemática, mais caprichosa e selvagem. Também essas imagens, semelhantes aos desenhos com absurdos e contradições que hoje têm a honra de funcionarem como "testes", são apenas mascaradas, farsas atrevidas e improvisadas, nas quais as pessoas viram de ponta-cabeça, enfiam braços e pernas entre galhos de árvores e vestem um telhado de casa como capote. Esse carnaval maluco penetra até nas partes mais sérias das cartilhas e dos livros de leitura. Na primeira metade do século passado, Renner publicou em Nuremberg uma sequência de 24 folhas que apresentavam as próprias letras envoltas em disfarces, se assim se pode dizer. F aparece sob a camuflagem de um franciscano, P como professor, C como camponês. Este jogo despertou um prazer tão intenso que até hoje se pode topar com esses velhos motivos, em todas as variantes possíveis. Por fim, o rébus preludia a quarta-feira de cinzas desse carnaval de palavras e letras. É o desmascaramento: do cortejo brilhante, a sentença proverbial, a razão descarnada, miram em direção à criança. Esse rébus (curiosamente explicado outrora a partir de *rêver* em vez de *res*) tem a mais nobre

---

[2] J. P. Wich, *Steckenpferd und Puppe* [Cavalinho de balanço e boneca], Nördlingen, 1843.

Reflexões sobre a criança, o brinquedo e a educação

das origens, descende em linha direta da hieroglífica do Renascimento e um de seus mais preciosos documentos, a "*Hypnerotomachia Poliphili* é de certa forma o seu atestado de nobreza". Na Alemanha esse documento talvez nunca tenha sido difundido tão amplamente como na França, onde por volta de 1840 entraram em moda encantadoras séries de selos de lacre que apresentavam o texto em forma de escrita pictórica. De qualquer modo, também as crianças alemãs tiveram encantadores livros "pedagógicos" baseados em rébus. Do final do século XVIII, no mais tardar, vem a obra *Sittensprüche des Buchs Jesus Sirach für Kinder und junge Leute aus allen Ständen mit Bildern, welche die vornehmsten Wörter ausdrücken* [Máximas morais do livro de Jesus Sirach para crianças e jovens de todas as classes com ilustrações que representam as palavras mais distintas]. O texto está gravado finamente em cobre e todos os substantivos que de alguma forma o permitem estão representados por pequenas ilustrações coloridas, objetivas ou alegóricas. Ainda em 1842 Teubner publicou uma *Pequena Bíblia para crianças* com 460 ilustrações do mesmo tipo. Da mesma forma como à reflexão e à fantasia, também à mão ativa da criança o livro oferecia então um vasto campo. Nesse sentido, há os conhecidos livros ilustrados para serem montados (foram os primeiros a degenerar, e tanto como gênero como em seus exemplares parecem ter tido a vida mais curta entre todos). Uma peça maravilhosa foi o *Livre jou-jou*, publicado provavelmente nos anos 1840, em Paris, por Janet. É o romance de um príncipe persa. Todas as reviravoltas de sua história estão fixadas em imagens que, como por um passe de mágica, revelam um acontecimento divertido e libertador quando se move uma tira na margem do livro. Estão construídos de maneira semelhante àqueles outros livros nos quais as portas, cortinas etc., representadas em imagens, abrem-se e deixam aparecer pequenas gravuras por trás. Assim como a boneca com rou-

Visão do livro infantil

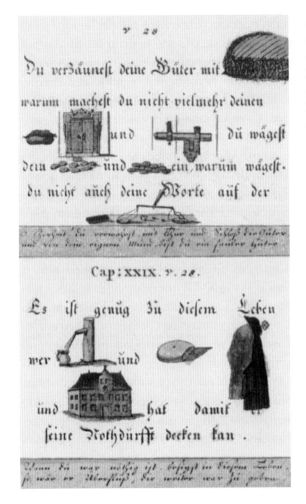

Máximas morais do livro de Jesus Sirach. Nuremberg, final do século XVIII. Da coleção Walter Benjamin.

pas encontrou o seu romance (*Isabellens Verwandlungen oder das Mädchen in sechs Gestalten. Ein unterhaltendes Buch für Mädchen mit sieben kolorierten beweglichen Kupfern*, Viena) [As transformações de Isabel ou a menina em seis figuras. Um livro divertido para meninas com sete estampas em cobre coloridas e móveis],

Reflexões sobre a criança, o brinquedo e a educação

assim também terão migrado para o livro aqueles bonitos jogos nos quais pequenas figuras de papelão podiam ser fixadas por frestas secretas e dispostas das maneiras mais diversas. A paisagem ou o quarto deixavam-se configurar segundo as diferentes situações de uma história. Mas àquelas poucas pessoas que tiveram a sorte de topar — seja quando crianças, seja como colecionadores — com um livro mágico ou de enigmas, tudo isso irá empalidecer um tanto. Aqueles volumes tão engenhosamente elaborados revelavam, de acordo com a posição da mão que os folheava, sequências de folhas alternadas. Ao "iniciado" que a manipula, tal obra apresenta dez vezes a mesma imagem em páginas sempre diferentes, até que a mão se desloca e então, como se o livro se tivesse transformado com esse manejo, aparecem outras tantas vezes imagens diferentes. Um tal volume (como o exemplar *in quarto* do século XVIII que o autor destas linhas tem diante de si) parece conter, segundo o caso, nada além de um vaso de flores, depois novamente uma careta demoníaca, logo em seguida papagaios, e depois então apenas páginas brancas ou pretas, moinho de vento, bobo da corte, pierrô etc. Um outro mostrava, conforme a posição da mão que o folheava, séries de brinquedos e guloseimas para a criança obediente e depois, quando se atravessava esse livro oracular por um outro caminho, uma sequência de instrumentos de castigo e fisionomias terríveis para a criança levada.

O intenso florescimento do livro infantil na primeira metade do século passado decorreu menos de uma concepção pedagógica concreta (em muitos aspectos superior à atual) do que da vida burguesa daqueles dias, como um momento dela própria. Surgiu, em uma palavra, da época *Biedermeier*. Nas menores cidades viviam então editores, cujos produtos mais corriqueiros eram tão graciosos como os modestos móveis de então, em cujas gavetas eles haviam dormido por cem anos. Por isso não há

Visão do livro infantil

apenas livros infantis de Berlim, Leipzig, Nuremberg, Viena; no espírito do colecionador nomes como Meissen, Grimma, Gotha, Pirna, Plauen, Magdeburgo, Neuhaldensleben ressoam, enquanto centros editoriais, de maneira muito mais auspiciosa. Em quase todos eles trabalharam ilustradores; acontece apenas que quase sempre ficaram no anonimato. De tempos em tempos, contudo, um deles é descoberto e consegue o seu biógrafo. Assim aconteceu com Johann Peter Lyser, o pintor, músico e jornalista. O *Fabelbuch* [Livro das fábulas] de A. L. Grimm (Grimma, 1827) com ilustrações de Lyser, o *Buch der Mährchen für Töchter und Söhne gebildeter Stände* [Livro de contos maravilhosos para filhas e filhos das classes cultas] (Leipzig, 1834), com texto e ilustrações de Lyser, e *Linas Mährchenbuch* [Livro de contos maravilhosos de Lina], com texto de A. L. Grimm e ilustrações de Lyser (Grimma, sem indicação de ano), contêm os seus mais belos trabalhos para crianças. O colorido dessas litografias empalidece diante das tonalidades coruscantes do *Biedermeier* e afina-se tanto melhor com figuras acabrunhadas e com frequência consumidas, com a paisagem dominada pela sombra, com a atmosfera de conto maravilhoso que não vem isenta de um toque irônico-satânico. A arte artesanal nesses livros associou-se plenamente ao cotidiano pequeno-burguês, não era desfrutada mas sim utilizada como receitas culinárias ou como provérbios. De tudo aquilo que o Romantismo sonhou de mais extravagante, ela representa a variante popular e até mesmo infantil. Por isso Jean Paul é o seu patrono. O feérico mundo centro-alemão de suas histórias impregnou totalmente aquelas pequenas gravuras. Nenhuma outra poesia tem mais afinidades com esse mundo de cores ostensivo e autossuficiente. Pois o seu engenho repousa, assim como o das cores, na fantasia e não na força da criação. Na visão das cores, a fantasia em contemplação se dá a conhecer, ao contrário da imaginação criadora, como fenômeno primordial. É que

Livro de contos maravilhosos para filhas e filhos das classes cultas,
de Johann Peter Lyser. Leipzig, 1834, Wigand'sche Verlags-Expedition.
Da coleção Walter Benjamin.

o próprio ser humano corresponde a toda forma, a todo traço que ele percebe, em sua capacidade de produzi-los. O próprio corpo na dança, a mão no desenho, reproduz os elementos de sua percepção e os incorpora a si. Esta capacidade encontra porém os seus limites no mundo das cores: o corpo humano não é capaz de produzir a cor. Ele não corresponde a ela em sentido criativo, mas sim receptivo: através do olho que reverbera em cores. (Também de um ponto de vista antropológico a visão é o divisor

Visão do livro infantil

de águas dos sentidos, pois capta simultaneamente forma e cor. Pertencem assim à visão, por um lado, as faculdades das correspondências ativas: visão de formas e movimento, audição e fala; mas, por outro lado, as correspondências passivas: a visão de cores pertence ao campo sensitivo do olfato e do paladar. Nos verbos alemães "ver/aparentar", "cheirar", "saborear/ter sabor", que valem tanto para o objeto — intransitivo — como para o sujeito humano — transitivo —, a própria língua condensa esse grupo em uma única unidade.[3]) Em suma: a cor pura é o meio da fantasia, a pátria de nuvens da criança que brinca, não é o cânone rigoroso do artista que constrói. Neste contexto insere-se o efeito "ético-sensorial" das cores, que Goethe apreendeu inteiramente no sentido do Romantismo:

> "As cores transparentes são ilimitadas em sua luminosidade e em seu obscurecimento — como fogo e água podem ser contemplados como seu ápice e sua profundidade [...] A relação da luz com as cores transparentes é, quando se aprofunda nisso, infinitamente encantadora, e o inflamar das cores e o dissolver-se umas nas outras, e o ressurgir e o desaparecer é como a tomada de fôlego em largas pausas, de eternidade em eternidade, da luz mais intensa até a calma solitária e eterna nas tonalidades mais profundas. As cores opacas, ao contrário, são como flores que não ousam comparar-se com o

---

[3] Os verbos alemães citados por Benjamin são "sehen/aussehen" ("ver" ou, com o acréscimo do prefixo "aus", "aparentar"), "riechen" ("cheirar" ou "ter cheiro") e "schmecken" ("saborear" ou "ter sabor"). "Ver", "cheirar", "saborear" aplicam-se transitivamente ao sujeito humano: "ver", "cheirar" ou "saborear" algo. Os mesmos verbos, como observa Benjamin, têm também aplicação intransitiva, no sentido, por exemplo, de uma comida estar cheirando ou ter sabor ou paladar. (N. do T.)

céu, e, todavia, vinculam-se, de um lado pelo branco, com a fraqueza, e de outro pelo negro, com o mal. Mas justamente essas cores são capazes [...] de produzir variações tão agradáveis e efeitos tão naturais que [...] as transparentes, ao final, participam desse jogo apenas como espíritos e servem tão somente para ressaltar as opacas."

Com estas palavras, o "suplemento" à *Farbenlehre* [Teoria das cores] faz justiça à sensibilidade desses abnegados coloristas e, consequentemente, também ao espírito dos jogos infantis. Que se pense nos muitos jogos que se dirigem à pura intuição da fantasia: as bolhas de sabão, jogos de chá, a úmida policromia da lanterna mágica, as aquarelas e decalcomanias. Em todos eles as cores flutuam aladas sobre as coisas. Pois o seu encanto não irradia do objeto colorido ou simplesmente da cor inanimada, mas sim da aparência colorida, do brilho colorido, da reverberação colorida. Ao final de seu panorama, a visão do livro infantil desemboca em um rochedo coberto de flores, bem ao estilo *Biedermeier*. Apoiado em uma deusa azul-celeste, o poeta repousa ali com as mãos melodiosas. Ao seu lado, uma criança alada registra aquilo que a musa lhe inspira. Dispersos ao redor, uma harpa e um alaúde. No seio da montanha, anões tocam flauta e violino. No céu, porém, o sol se põe. Assim pintou Lyser certa vez a paisagem em cujo fogo colorido refulgem o olhar e as faces das crianças debruçadas sobre livros.

(1926)

Velhos brinquedos

Sobre a exposição de brinquedos
no Märkische Museum

O Märkische Museum [Museu distrital brandenburguês] de Berlim vem promovendo desde algumas semanas uma exposição de brinquedos. Ela ocupa apenas uma sala de tamanho médio; por aí se percebe que não foi organizada em vista de produtos suntuosos e monstruosos — bonecas em tamanho natural para filhos de príncipes, trenzinhos elétricos de grande extensão ou gigantescos cavalos de madeira. Deveria ser exibido, em primeiro lugar, aquilo que a Berlim dos séculos XVIII e XIX produziu em matéria de brinquedos de próprio cunho; em segundo lugar, porém, como se apresentava por essa época uma boa estante de brinquedos num lar burguês de Berlim. Por esse motivo, deu-se ênfase àquelas peças que comprovadamente se conservaram até hoje como propriedade de antigas famílias locais. Acervos provenientes de colecionadores estão em segundo plano.

Mas, para assinalar de imediato e com poucas palavras o caráter especial dessa exposição: ela não reúne apenas brinquedos no sentido estrito do termo, mas também muita coisa que estaria no limiar desse campo. Pois em que outro lugar poderiam juntar-se jogos de salão tão bonitos, também blocos de construção, pirâmides natalinas, câmaras ópticas, para não mencionar ainda livros, material ilustrado e lâminas para a aula visual? Esses detalhes todos, um tanto insólitos por vezes, oferecem uma

Reflexões sobre a criança, o brinquedo e a educação

imagem geral muito mais viva do que o poderia fazer uma exposição organizada de maneira mais sistemática. E a mesma mão sutil presente na sala pode ser sentida no catálogo: não se trata de uma lista árida de objetos de exposição, mas sim de um texto coerente, com documentação precisa sobre cada uma das peças e também recheado de informações exatas quanto à idade, produção e difusão de grupos inteiros de brinquedos.

Entre estes, o soldadinho de chumbo, desde que Hampe, do Museu Germânico, publicou uma monografia sobre ele, será considerado certamente como o mais pesquisado. Postados diante de encantadores panos de fundo — prospectos de teatros de marionetes berlinenses — podem-se ver os soldadinhos, e não apenas estes mas também outras figurinhas de chumbo, burguesas ou bucólicas, dispostas em cenas de gênero. Em Berlim, a sua fabricação floresce tardiamente; durante o século XVIII a comercialização dos produtos do sul da Alemanha ficava a cargo dos comerciantes de ferragens. Apenas deste fato já se poderia depreender que o comerciante de brinquedos propriamente dito foi surgindo aos poucos, ao final de um período da mais rigorosa especialização comercial.

Seus precursores são, por um lado, os vendedores de artigos de marcenaria, assim como os vendedores de ferragens, papéis e enfeites; por outro lado, os mascates de cidades e feiras. Sim, mesmo um tipo muito especial de boneco encontra-se em uma prateleira com a inscrição "produtos de confeitaria". Ao lado de motivos que parodiam monumentos, feitos de açúcar e antigas formas de pão de mel, encontramos a boneca de resina, conhecida ainda hoje pelas "narrativas de Hoffmann". Coisas desse tipo desapareceram da Alemanha protestante. Em contrapartida, na França, inclusive nos arredores mais tranquilos de Paris, o viajante atento poderá descobrir duas figuras centrais dessa antiga confeitaria: crianças de berço, com as quais se presentea-

Velhos brinquedos

vam as mais velhas quando da chegada de irmãozinhos, e crianças recebendo a crisma, que praticam a sua devoção sobre almofadas coloridas de azul ou rosa, feitas de açúcar, e segurando nas mãos vela e livro, às vezes diante de um oratório do mesmo material. A variante mais divertida dessas figuras parece que se perdeu: eram bonecas de açúcar achatadas, também corações ou coisas do gênero, que facilmente podiam ser partidas em sentido longitudinal e que ocultavam em sua parte central, onde as duas metades se juntavam, um provérbio escrito sobre um papelzinho com gravuras coloridas. Na exposição há um cartão intacto dessa poesia de confeitaria. Diz o seguinte:

> *Meinen ganzen Wochenlohn*
> *Hab mit dir vertanzt ich schon*

> [Todo o salário da semana
> Gastei contigo numa dança]

ou

> *Hier du kleine Lose,*
> *Nimm die Aprikose*

> [Aqui, pequena travessa,
> Tome o damasco]

Esses dísticos lapidares chamavam-se "divisas", porque a figura precisava ser dividida ao meio para trazê-los à luz. Assim diz pois um anúncio berlinense da época *Biedermeier*: "Com o confeiteiro Zimmermann, na rua do Rei, podem-se comprar a preços módicos finas imagens de açúcar de todos os tipos, assim como outras espécies de confeitos com divisas".

Mas também se depara ainda com textos inteiramente diferentes. A grande sala de teatro com piscina, de Natke, na rua das Paliçadas, nº 76, anuncia: "Diversão com bom humor e brin-

Reflexões sobre a criança, o brinquedo e a educação

cadeiras decentes de reconhecida qualidade". O teatro mecânico de marionetes de Julius Linde convida para as suas mais recentes produções da seguinte maneira: "O bandoleiro esfolado, ou amor e canibalismo, ou pele e coração humanos ao forno [...] Ao final grande balé artístico de metamorfoses no qual várias figuras, dançando ao compasso da vida, e transformações por movimentos graciosos e artísticos surpreenderão agradavelmente os olhos do espectador. Como número final o cão-maravilha Pussel fará sua notável apresentação".

Ainda mais profundamente do que por teatro de marionetes, somos introduzidos nos mistérios do mundo lúdico pelas câmaras ópticas, pelos dioramas, mirioramas e panoramas, cujas imagens eram confeccionadas em sua maioria na cidade de Augsburgo. "Já não se tem mais isso", ouve-se com frequência o adulto dizer ao avistar brinquedos antigos. Na maior parte das vezes isso é mera impressão dele, já que se tornou indiferente a essas mesmas coisas que por todo canto chamam a atenção da criança. Aqui, contudo, em face dos jogos panorâmicos, o adulto tem excepcionalmente razão. São produtos do século XIX, desapareceram com ele e permanecem ligados aos seus traços mais peculiares.

Hoje em dia, os brinquedos antigos tornam-se significativos sob muitos aspectos. Folclore, psicanálise, história da arte e a nova configuração gráfica encontram neles um objeto bastante profícuo. Apenas isso, contudo, não explica o fato de a pequena sala de exposição jamais ficar vazia, pois ao lado de classes escolares, muitas centenas de adultos a percorreram nas últimas semanas. Isto não se deve ainda às admiráveis peças primitivas, as quais poderiam levar apenas o esnobe a patrocinar tal evento.

O que atrai o adulto não são apenas os bonecos de engonço ou ovelhinhas de lã, brinquedos cuja origem pode ser localizada em uma indústria doméstica rudimentar, independente por longo tempo de normas industriais; não são apenas os cartazes

Velhos brinquedos

ilustrados de Neuruppin com as famosas cenas em cores vivas; ao lado de tudo isso, o que atrai o adulto é sobretudo, para mencionar apenas uma coisa, o material de ensino visual recentemente encontrado no sótão de uma escola do distrito de Brandenburgo. Esse material provém de um certo Wilke, um professor surdo--mudo, e foi feito para crianças surdas-mudas. Sua drasticidade é tão angustiante que uma pessoa normal, contemplando esse mundo sufocante, estaria quase correndo o perigo de ficar tão aterrorizada a ponto de perder por algumas horas a voz e a audição. Mais adiante encontram-se esculturas de madeira pintadas, feitas na metade do século passado por um pastor da região. Os tipos foram tomados ora à vida profana, ora à vida bíblica, e são, em todos os casos, produtos híbridos de miniaturas de personagens da *Dança macabra* de Strindberg e seres inanimados de estofo que, entronizados no fundo das barracas de diversão nas grandes feiras, servem de alvo para bolas de madeira.

Tudo isso, como foi dito, é estímulo para o adulto, mas não o único. Não o decisivo. Conhecemos aquela cena da família reunida sob a árvore de Natal, o pai inteiramente absorto com o trenzinho de brinquedo que ele acabou de dar ao filho, enquanto este chora ao seu lado. Não se trata de uma regressão maciça à vida infantil quando o adulto se vê tomado por um tal ímpeto de brincar. Não há dúvida que brincar significa sempre libertação. Rodeadas por um mundo de gigantes, as crianças criam para si, brincando, o pequeno mundo próprio; mas o adulto, que se vê acossado por uma realidade ameaçadora, sem perspectivas de solução, liberta-se dos horrores do real mediante a sua reprodução miniaturizada. A banalização de uma existência insuportável contribuiu consideravelmente para o crescente interesse que jogos e livros infantis passaram a despertar após o final da guerra.

Nem todos os novos estímulos direcionados então à indústria de brinquedos foram-lhe úteis. A melindrosa silhueta das

Reflexões sobre a criança, o brinquedo e a educação

figuras laqueadas que, entre tantos produtos antigos, representam a modernidade, não constitui propriamente nenhuma vantagem para esta; tais figuras caracterizam antes aquilo que o adulto gosta de conceber como brinquedo do que as exigências da criança em relação ao brinquedo. São coisas meramente curiosas. Aqui são úteis apenas para fins de comparação, num quarto de crianças não servem para nada.

Maior fascínio exercem as curiosidades mais antigas, entre as quais uma boneca de cera do século XVIII que se assemelha em tudo a uma moderna boneca com traços realistas. Mas é bem possível que seja procedente a suposição que me expôs numa conversa o senhor Stengel, diretor do museu e, ao mesmo tempo, o organizador dessa exposição: que se deve ver na boneca o retrato em cera de um bebê. Demorou muito tempo até que se desse conta de que as crianças não são homens ou mulheres em dimensões reduzidas — para não falar do tempo que levou até que essa consciência se impusesse também em relação às bonecas. É sabido que mesmo as roupas infantis só muito tardiamente se emanciparam das adultas. Foi o século XIX que levou isso a cabo. Pode parecer às vezes que o nosso século tenha dado um passo adiante e, longe de querer ver nas crianças pequenos homens ou mulheres, reluta inclusive em aceitá-las como pequenos seres humanos. Deparou-se então com a faceta cruel, grotesca e irascível da natureza infantil. Enquanto cândidos pedagogos permanecem nostálgicos de sonhos rousseaunianos, escritores como Joachim Ringelnatz, pintores como Paul Klee, captaram o elemento despótico e desumano nas crianças. As crianças são insolentes e alheias ao mundo. Após todas as suscetibilidades de um *Biedermeier* redivivo, a proposta feita por Mynona[1] no ano de

---

[1] Mynona é o pseudônimo do filósofo (neokantiano) e escritor Salomo

Velhos brinquedos

1916 é hoje mais atual do que nunca: "Se as crianças devem tornar-se um dia sujeitos completos, então não se pode esconder delas nada que seja humano. A sua inocência já providencia espontaneamente todas as restrições, e mais tarde, quando estas começarem a ampliar-se aos poucos, o elemento novo encontrará personalidades já preparadas. Que os pequeninos riam de tudo, até dos reversos da vida, isso é precisamente a magnífica expansão de uma alegria radiante sobre todas as coisas, mesmo sobre as zonas mais indignamente sombrias e, por isso, tão tristes. Pequenos atentados terroristas maravilhosamente executados, com príncipes que se despedaçam mas que voltam a se recompor; incêndios que irrompem automaticamente em grandes magazines, arrombamentos e assaltos. Bonecas-vítimas que podem ser assassinadas das mais diversas formas e seus correspondentes assassinos com todos os respectivos instrumentos; guilhotina e forca: pelo menos os meus pequenos não querem mais prescindir de nada disso".

Coisas do tipo não se encontram evidentemente na exposição. Mas há algo que não pode ser esquecido: jamais são os adultos que executam a correção mais eficaz dos brinquedos — sejam eles pedagogos, fabricantes ou literatos —, mas as crianças mesmas, no próprio ato de brincar. Uma vez extraviada, quebrada e consertada, mesmo a boneca mais principesca transforma-se numa eficiente camarada proletária na comuna lúdica das crianças.

(1928)

Friedlaender (1871-1946), autor de várias narrativas satíricas e grotescas. Colaborou nas revistas expressionistas *Der Sturm* e *Die Aktion*. (N. do T.)

História cultural do brinquedo

No início da obra de Karl Gröber, *Kinderspielzeug aus alter Zeit* [Brinquedos infantis de velhos tempos],[1] está a modéstia. O autor se recusa a tratar de brincadeiras e jogos infantis para, limitando-se expressamente ao seu material concreto, dedicar-se por inteiro à história do próprio brinquedo. Tal como o sugere menos o tema do que a extraordinária solidez de seu procedimento, o autor concentrou-se no círculo cultural europeu. Se, nesse contexto, a Alemanha era o centro geográfico, no terreno do brinquedo ela é também o centro espiritual. Pois como um presente alemão à Europa podemos considerar boa parte dos mais belos brinquedos que ainda hoje se encontram nos museus e quartos de crianças. Nuremberg é a pátria dos soldadinhos de chumbo e da reluzente fauna da arca de Noé; a mais antiga casa de bonecas de que se tem notícia provém de Munique. Mas mesmo quem não queira saber nada de questões de prioridade, que aqui efetivamente pouco significam, terá de confessar ter diante de si modelos insuperáveis da mais singela beleza nas bonecas de

---

[1] Karl Gröber, *Kinderspielzeug aus alter Zeit. Eine Geschichte des Spielzeugs* [Brinquedos infantis de velhos tempos. Uma história do brinquedo], Berlim, 1928, 68 pp., 306 reproduções, 12 lâminas coloridas.

madeira de Sonneberg (fig. 192),[2] nas "árvores de aparas de madeira" do Erzgebirge (fig. 190), na fortaleza de Oberammergauer (fig. 165), nas lojas de especiarias e chapelarias (figs. 274, 275, lâmina X), e na festa da colheita em estanho, oriunda de Hannover (fig. 263).

No início, contudo, tais brinquedos não foram invenções de fabricantes especializados, mas surgiram originariamente das oficinas de entalhadores em madeira, de fundidores de estanho etc. Antes do século XIX, a produção de brinquedos não era função de uma única indústria. O estilo e a beleza das peças mais antigas explicam-se pela circunstância única de que o brinquedo representava antigamente um produto secundário das diversas oficinas manufatureiras, as quais, restringidas pelos estatutos corporativos, só podiam fabricar aquilo que competia ao seu ramo. Quando, no decorrer do século XVIII, afloraram os impulsos iniciais de uma fabricação especializada, as oficinas chocaram-se por toda parte contra as restrições corporativas. Estas proibiam o marceneiro de pintar ele mesmo as suas bonequinhas; para a produção de brinquedos de diferentes materiais obrigavam várias manufaturas a dividir entre si os trabalhos mais simples, o que encarecia sobremaneira a mercadoria.

Por conseguinte, entende-se por si só que a venda ou, pelo menos, a distribuição de brinquedos não era, no início, função de comerciantes específicos. Assim como se podiam encontrar animais talhados em madeira com o marceneiro, assim também soldadinhos de chumbo com o caldeireiro, figuras de doce com o confeiteiro, bonecas de cera com o fabricante de velas. O mesmo não acontecia com o comércio intermediário, que fazia as

---

[2] As indicações referem-se a figuras reproduzidas no livro de Karl Gröber, resenhado por Benjamin. (N. do T.)

História cultural do brinquedo

vezes do grande distribuidor. Também esta assim chamada "editora" aparece inicialmente em Nuremberg. Ali começaram os exportadores a açambarcar os brinquedos provenientes das manufaturas da cidade e, sobretudo, da indústria doméstica da região, e a distribuí-los depois no pequeno comércio. Por essa mesma época, os avanços da Reforma obrigaram muitos artistas — que até então haviam produzido para a Igreja — a "reorientarem a sua produção pela demanda de objetos artesanais" e a fabricarem "objetos de arte menores para a decoração doméstica, em vez de obras em grande formato". Deu-se assim a excepcional difusão daquele mundo de coisas minúsculas, que faziam então a alegria das crianças nas estantes de brinquedos e dos adultos nas salas de "arte e maravilhas", e com a fama dessas "quinquilharias de Nuremberg" deu-se ainda o predomínio dos brinquedos alemães no mercado mundial, o qual até hoje permanece inabalável.

Considerando a história do brinquedo em sua totalidade, o formato parece ter uma importância muito maior do que se poderia supor inicialmente. Com efeito, na segunda metade do século XIX, quando começa a acentuada decadência daquelas coisas, percebe-se como os brinquedos se tornam maiores, vão perdendo aos poucos o elemento discreto, minúsculo, sonhador. Será que somente então a criança ganha o próprio quarto de brinquedos, somente então uma estante na qual pode, por exemplo, guardar os seus livros separados dos livros pertencentes aos pais? Não há dúvida: em seus pequenos formatos, os voluminhos mais antigos exigiam a presença da mãe de maneira muito mais íntima; os volumes *in quarto* mais recentes, em sua insípida e dilatada ternura, estão antes determinados a fazer vista grossa à ausência materna. Uma emancipação do brinquedo põe-se a caminho; quanto mais a industrialização avança, tanto mais decididamente o brinquedo se subtrai ao controle da família, tor-

Reflexões sobre a criança, o brinquedo e a educação

nando-se cada vez mais estranho não só às crianças, mas também aos pais.

Acontece que à falsa simplicidade do brinquedo moderno subjazia certamente o autêntico anelo de reconquistar o vínculo com o primitivo, com o estilo de uma indústria doméstica que exatamente por essa época travava na Turíngia, no Erzgebirge, uma luta cada vez mais sem perspectivas pela sua existência. Quem acompanha as estatísticas financeiras dessas indústrias sabe que elas se aproximam de seu fim. Isto é duplamente lastimável quando se tem em mente que, entre todos os materiais, nenhum é mais apropriado ao brinquedo do que a madeira, em virtude tanto de sua resistência como da capacidade de assimilar cores. De modo geral, é este ponto de vista extremamente exterior — a questão da técnica e do material — que permite ao observador penetrar fundo no mundo dos brinquedos. A maneira como Gröber faz valer aqui esse ponto de vista é altamente plástica e instrutiva. Se, além disso, fizermos uma reflexão sobre a criança que brinca, poderemos falar então de uma relação antinômica. De um lado, o fato apresenta-se da seguinte forma: nada é mais adequado à criança do que irmanar em suas construções os materiais mais heterogêneos — pedras, plastilina, madeira, papel. Por outro lado, ninguém é mais casto em relação aos materiais do que crianças: um simples pedacinho de madeira, uma pinha ou uma pedrinha reúnem na solidez, no monolitismo de sua matéria, uma exuberância das mais diferentes figuras. E ao imaginar para crianças bonecas de bétula ou de palha, um berço de vidro ou navios de estanho, os adultos estão na verdade interpretando a seu modo a sensibilidade infantil. Madeira, ossos, tecidos, argila, representam nesse microcosmo os materiais mais importantes, e todos eles já eram utilizados em tempos patriarcais, quando o brinquedo era ainda a peça do processo de produção que ligava pais e filhos. Mais tarde vieram os metais, vidro, papel e até mesmo o alabastro. O busto de alabastro, celebrado pelos poetas do século XVII, somente as bonecas o possuíam e quase sempre tiveram de pagar esse luxo com sua frágil existência.

Uma resenha como esta pode apenas apontar para a densidade do trabalho de Gröber, para a meticulosidade do planejamento e a simpática objetividade de sua apresentação. Quem não examinar atentamente essa obra ilustrada, tão bem realizada também no aspecto técnico, mal saberá o que é um brinquedo, e muito menos o que ele significa. Esta última questão ultrapassa certamente a sua moldura original e leva a uma classificação filosófica do brinquedo. Enquanto vigorava um naturalismo obtuso, não havia nenhuma perspectiva de fazer valer o verdadeiro rosto da criança que brinca. Hoje talvez se possa esperar uma superação efetiva daquele equívoco básico que acreditava ser a brincadeira da criança determinada pelo conteúdo imaginário do brinquedo, quando, na verdade, dá-se o contrário. A criança quer puxar alguma coisa e torna-se cavalo, quer brincar com areia e torna-se padeiro, quer esconder-se e torna-se bandido ou guarda. Conhecemos muito bem alguns instrumentos de brincar arcaicos, que desprezam toda máscara imaginária (possivelmente vinculados na época a rituais): bola, arco, roda de penas, pipa — autênticos brinquedos, "tanto mais autênticos quanto menos o parecem ao adulto". Pois quanto mais atraentes, no sentido corrente, são os brinquedos, mais se distanciam dos instrumentos de brincar; quanto mais ilimitadamente a imitação se manifesta neles, tanto mais se desviam da brincadeira viva. Características nesse sentido são as várias casas de boneca que Gröber apresenta. A imitação — assim se poderia formular — é familiar ao jogo, e não ao brinquedo.

No entanto, não chegaríamos certamente à realidade ou ao conceito do brinquedo se tentássemos explicá-lo tão somente a

Reflexões sobre a criança, o brinquedo e a educação

partir do espírito infantil. Pois se a criança não é nenhum Robinson Crusoé, assim também as crianças não constituem nenhuma comunidade isolada, mas antes fazem parte do povo e da classe a que pertencem. Da mesma forma, os seus brinquedos não dão testemunho de uma vida autônoma e segregada, mas são um mudo diálogo de sinais entre a criança e o povo. Um diálogo de sinais, para cuja decifração a presente obra oferece um fundamento seguro.

(1928)

Brinquedos e jogos

Observações marginais
sobre uma obra monumental[1]

Levará muito tempo até que se comece a ler esse livro, tão fascinante é a visão do interminável mundo de brinquedos que a parte ilustrada desenrola perante o leitor. Regimentos, coches, teatros, liteiras, arreios — tudo isso está aqui mais uma vez em dimensões liliputianas. Já era tempo de reunir finalmente a árvore genealógica dos cavalinhos de balanço e dos soldadinhos de chumbo, de escrever enfim a arqueologia das casas comerciais e lojas de bonecas. Com toda a segurança científica e sem o pedantismo dos arquivistas, isso é realizado no texto do livro, o qual figura no mesmo patamar da parte ilustrada. Trata-se de uma obra de uma só têmpera, que não deixa transparecer em parte alguma os esforços dispendidos em sua criação; agora que existe, não se entende mais como pôde faltar.

De resto, a tendência para tais pesquisas é uma característica da época. O Museu Alemão em Munique, o Museu de Brinquedos em Moscou, a seção de brinquedos do Musée des Arts Décoratifs em Paris — criações do passado mais recente ou do

---

[1] Karl Gröber, *Kinderspielzeug aus alter Zeit. Eine Geschichte des Spielzeugs* [Brinquedos infantis de velhos tempos. Uma história do brinquedo], Berlim, 1928, 68 pp., 306 reproduções, 12 lâminas coloridas.

Reflexões sobre a criança, o brinquedo e a educação

presente — demonstram que por toda parte, e certamente por boas razões, o interesse por brinquedos autênticos está despertando. Chegou ao fim a era das bonecas com traços realistas, época em que os adultos pretextavam supostas necessidades infantis para satisfazer as próprias necessidades pueris. O individualismo esquemático do artesanato e a imagem da criança apresentada pela psicologia individual — os quais, no fundo, entendiam-se tão bem — foram rompidos por dentro. Ao mesmo tempo, ousou-se dar os primeiros passos para sair do círculo de influência da psicologia e do esteticismo. A arte popular e a concepção infantil do mundo desejavam ser compreendidas como configurações coletivas.

Em termos gerais, a presente obra corresponde a essa mais recente situação da pesquisa, na medida em que seja possível relacionar uma obra-padrão de caráter documental a uma posição teórica. Pois esse estágio deve constituir efetivamente a transição para uma fixação mais exata das coisas. É que, assim como o mundo da percepção infantil está impregnado em toda parte pelos vestígios da geração mais velha, com os quais as crianças se defrontam, assim também ocorre com os seus jogos. É impossível construí-los em um âmbito da fantasia, no país feérico de uma infância ou arte puras. O brinquedo, mesmo quando não imita os instrumentos dos adultos, é confronto, e, na verdade, não tanto da criança com os adultos, mas destes com a criança. Pois quem senão o adulto fornece primeiramente à criança os seus brinquedos? E embora reste a ela uma certa liberdade em aceitar ou recusar as coisas, não poucos dos mais antigos brinquedos (bola, arco, roda de penas, pipa) terão sido de certa forma impostos à criança como objetos de culto, os quais só mais tarde, e certamente graças à força da imaginação infantil, transformaram-se em brinquedos.

Há portanto um grande equívoco na suposição de que são simplesmente as próprias crianças, movidas pelas suas necessida-

Brinquedos e jogos

Modelo de uma máquina de costura, feito em madeira por camponeses. Acionada pela manivela, a agulha sobe e desce reproduzindo o movimento e o som de uma máquina verdadeira. Da coleção Walter Benjamin.

des, que determinam todos os brinquedos. É um desatino quando uma obra recente, no mais bastante meritória, acredita por exemplo poder explicar a matraca do bebê com a afirmação: "Por regra geral, a audição é o primeiro sentido a exigir atividade" — desatino porque desde tempos remotos o chocalho é um instrumento de defesa contra os maus espíritos, o qual justamente por isso deve ser colocado nas mãos do recém-nascido. E mesmo o autor da obra em questão não terá se equivocado ao fazer uma observação como a que vem a seguir? "Somente aquilo que a criança vê e reconhece no adulto ela deseja para a sua boneca. Por esse motivo, até o século XIX a boneca era apreciada apenas em trajes de adulto; a criança em cueiros ou o bebê, tal como hoje em dia domina o mercado de brinquedos, não existia até então." Não, isso não remonta às crianças; para a criança que brinca, a

Reflexões sobre a criança, o brinquedo e a educação

sua boneca é ora grande, ora pequena, e certamente pequena com mais frequência, pois se trata de um ser subordinado. Isso se deve muito mais ao fato de que até o século XIX adentro o bebê era inteiramente desconhecido enquanto ser inteligente e, por outro lado, o adulto constituía para o educador o ideal a cuja semelhança ele pretendia formar a criança. Em todo caso, ainda nesse racionalismo hoje em dia tão zombado, que via na criança o pequeno adulto, fazia-se pelo menos justiça à seriedade enquanto esfera adequada à criança. Contrariamente a isso, o "humor" subalterno, como expressão daquela insegurança de que o burguês não consegue desvencilhar-se no seu relacionamento com crianças, aparece no brinquedo junto com os grandes formatos. A jovialidade oriunda da consciência de culpa impõe-se sobretudo com as tolas distorções para dimensões maiores e mais largas. Quem tiver vontade de ver a caricatura do capital mercantil, precisa pensar apenas em uma loja de brinquedos tal como era típica até cinco anos atrás e que até hoje continua sendo a regra nas pequenas cidades. Um diabólico alvoroço é a atmosfera fundamental. Máscaras sorriam ironicamente nas caixas dos jogos de sociedade e nos rostos das bonecas com traços realistas, exercitavam seu poder de atração nas negras bocas dos canhões, chiavam como risadinhas nos engenhosos "vagões de acidente", que desmoronavam nas partes previstas quando acontecia a catástrofe ferroviária já programada.

Mas, nem bem a maldade militante havia se retirado desse campo, o caráter de classe desses brinquedos veio à tona em outro lugar. A "simplicidade" tornou-se uma palavra de ordem das oficinas artesanais. Na verdade, porém, ela não está nas formas dos brinquedos, mas na transparência do seu processo de produção. A simplicidade não pode portanto ser avaliada segundo um cânone abstrato, uma vez que varia conforme as diferentes regiões, e também tem tão pouco a ver com aspectos formais que algumas

Brinquedos e jogos

Coche com dois cavalos, esculpido em madeira na província de
Wladimir, *c.* 1860/70. Da coleção Walter Benjamin.

formas de elaboração — em especial a do entalhador — podem desdobrar toda a sua arbitrariedade lúdica sobre um objeto, sem que por isso se torne menos compreensível. Do mesmo modo como a autêntica e inequívoca simplicidade dos brinquedos nunca foi uma questão de construção formalista, mas sim de técnica. Pois um traço característico de toda arte popular — a combinação de técnica refinada com material precioso sendo imitada pela combinação de técnica primitiva com material mais rudimentar — pode ser acompanhado nitidamente no brinquedo. Porcelanas oriundas das grandes manufaturas czaristas, que de alguma maneira foram parar nas aldeias russas, ofereceram o modelo para bonecas e cenas de gênero talhadas em madeira. Já faz algum tempo que a pesquisa folclorística moderna abandonou a crença de que o mais primitivo era também, sob todas as circunstâncias,

Reflexões sobre a criança, o brinquedo e a educação

o mais antigo. Com frequência, a assim chamada arte popular é apenas o resíduo de bens culturais de uma classe dominante que se renova ao ser assimilado por uma coletividade mais ampla.

Não é o menor mérito da obra de Gröber ter mostrado de maneira concludente que o brinquedo é condicionado pela cultura econômica e, muito em especial, pela cultura técnica das coletividades. Mas, se até hoje o brinquedo tem sido demasiadamente considerado como criação para a criança, quando não como criação da criança, assim também o brincar tem sido visto em demasia a partir da perspectiva do adulto, exclusivamente sob o ponto de vista da imitação. E não se pode negar que se precisava apenas dessa enciclopédia do brinquedo para insuflar nova vida à teoria do jogo, a qual nunca mais voltou a ser tratada em todo o seu contexto desde que Karl Groos publicou no ano de 1899 a sua significativa obra *Spiele der Menschen* [Jogos humanos]. Tal teoria teria de se ocupar antes de mais nada com aquela "teoria gestáltica dos gestos lúdicos", dos quais há pouco tempo (18 de maio de 1928) Willy Haas apresentou aqui[2] os três principais. Em primeiro lugar, gato e rato (todo jogo de perseguição); em segundo lugar, a fêmea que defende o seu ninho com filhotes (por exemplo, o goleiro, o tenista); em terceiro lugar, a luta entre dois animais pela presa, pelo osso ou pelo objeto sexual (a bola de futebol ou de polo). Essa teoria teria de investigar ainda a enigmática dualidade entre bastão e arco, pião e fieira, bola e taco, investigar enfim o magnetismo que se estabelece entre as duas partes. Provavelmente acontece o seguinte: antes de penetrarmos, pelo arrebatamento do amor, a existência e o ritmo frequentemente hostil e não mais vulnerável de um ser es-

---

[2] Benjamin refere-se ao jornal *Die Literarische Welt* [O mundo literário], no qual esta sua resenha foi publicada no dia 6 de junho de 1928. (N. do T.)

tranho, nós já teremos vivenciado desde muito cedo a experiência com ritmos primordiais, os quais se manifestam, nas formas mais simples, em tais jogos com objetos inanimados. Ou melhor, é exatamente através desses ritmos que pela primeira vez nos tornamos senhores de nós mesmos.

Um tal estudo teria, por fim, de examinar a grande lei que, acima de todas as regras e ritmos particulares, rege a totalidade do mundo dos jogos: a lei da repetição. Sabemos que para a criança ela é a alma do jogo; que nada a torna mais feliz do que o "mais uma vez". A obscura compulsão por repetição não é aqui no jogo menos poderosa, menos manhosa do que o impulso sexual no amor. E não foi por acaso que Freud acreditou ter descoberto um "além do princípio do prazer" nessa compulsão. E, de fato, toda e qualquer experiência mais profunda deseja insaciavelmente, até o final de todas as coisas, repetição e retorno, restabelecimento da situação primordial da qual ela tomou o impulso inicial.

> *Es liesse sich alles trefflich schlichten*
> *Könnt mann die Dinge zweimal verrichten.*

> [Tudo à perfeição talvez se aplainasse
> Se uma segunda chance nos restasse.]

A criança age segundo esta pequena sentença de Goethe. Para ela, porém, não bastam duas vezes, mas sim sempre de novo, centenas e milhares de vezes. Não se trata apenas de um caminho para assenhorear-se de terríveis experiências primordiais mediante o embotamento, conjuro malicioso ou paródia, mas também de saborear, sempre de novo e da maneira mais intensa, os triunfos e as vitórias. O adulto, ao narrar uma experiência, alivia o seu coração dos horrores, goza duplamente uma felicidade. A criança volta a criar para si todo o fato vivido, começa mais uma vez do início. Talvez resida aqui a mais profunda raiz para

Reflexões sobre a criança, o brinquedo e a educação

o duplo sentido nos "jogos" alemães:[3] repetir o mesmo seria o elemento verdadeiramente comum. A essência do brincar não é um "fazer como se", mas um "fazer sempre de novo", transformação da experiência mais comovente em hábito.

Pois é o jogo, e nada mais, que dá à luz todo hábito. Comer, dormir, vestir-se, lavar-se devem ser inculcados no pequeno irrequieto de maneira lúdica, com o acompanhamento do ritmo de versinhos. O hábito entra na vida como brincadeira, e nele, mesmo em suas formas mais enrijecidas, sobrevive até o final um restinho da brincadeira. Formas petrificadas e irreconhecíveis de nossa primeira felicidade, de nosso primeiro terror, eis o que são os hábitos. E mesmo o pedante mais insípido brinca, sem o saber, de maneira pueril, não infantil, brinca ao máximo quando é pedante ao máximo. Acontece apenas que ele não se lembrará de suas brincadeiras; somente para ele uma obra como essa permaneceria muda. Mas quando um poeta moderno diz que para cada um existe uma imagem em cuja contemplação o mundo inteiro submerge, para quantas pessoas essa imagem não se levanta de uma velha caixa de brinquedos?

(1928)

---

[3] *Spiele* no original, que pode ser traduzido aqui tanto por "jogos" como "brincadeiras"; além disso, o verbo *spielen*, relacionado a esse substantivo, tem, entre outros significados, o de "brincar", "jogar", assim como o de "representar" (no teatro, por exemplo). Benjamin parece aludir à polissemia dessa palavra quando fala do "duplo sentido nos 'jogos' alemães". (N. do T.)

Rua de mão única

Extratos

Volta! Está tudo perdoado!

Como alguém que executa o giro completo na barra horizontal, assim também giramos, quando jovens, a roda da fortuna, da qual então, cedo ou tarde, sairá a sorte grande. Pois somente o que já sabíamos ou exercitávamos aos 15 anos representará um dia os nossos atrativos. E, por isso, uma coisa jamais pode ser reparada: ter perdido a oportunidade de fugir da casa dos pais. De 48 horas de abandono nesses anos solidifica-se, como em uma barrela, o cristal da felicidade da vida.

Canteiro de obras

Meditar com pedantismo sobre a produção de objetos — material ilustrado, brinquedos ou livros — que devem servir às crianças é insensato. Desde o Iluminismo isto é uma das mais rançosas especulações dos pedagogos. A sua fixação pela psicologia impede-os de perceber que a Terra está repleta dos mais incomparáveis objetos da atenção e da ação das crianças. Objetos dos mais específicos. É que crianças são especialmente inclinadas a buscarem todo local de trabalho onde a atuação sobre as

Reflexões sobre a criança, o brinquedo e a educação

coisas se processa de maneira visível. Sentem-se irresistivelmente atraídas pelos detritos que se originam da construção, do trabalho no jardim ou em casa, da atividade do alfaiate ou do marceneiro. Nesses produtos residuais elas reconhecem o rosto que o mundo das coisas volta exatamente para elas, e somente para elas. Neles, estão menos empenhadas em reproduzir as obras dos adultos do que em estabelecer entre os mais diferentes materiais, através daquilo que criam em suas brincadeiras, uma relação nova e incoerente. Com isso as crianças formam o seu próprio mundo de coisas, um pequeno mundo inserido no grande. Dever-se-ia ter sempre em vista as normas desse pequeno mundo quando se deseja criar premeditadamente para crianças e não se prefere deixar que a própria atividade — com tudo aquilo que é nela requisito e instrumento — encontre por si mesma o caminho até elas.

Ampliações

CRIANÇA LENDO. Da biblioteca da escola recebe-se um livro. Nas classes inferiores os livros são distribuídos. Vez ou outra apenas se ousa expressar um desejo. Frequentemente veemse com inveja livros almejados caírem em outras mãos. Por fim, recebeu-se o seu. Durante uma semana o leitor esteve inteiramente entregue à agitação do texto, que, suave e secretamente, densa e ininterruptamente, envolveu-o como flocos de neve. Adentrou-se assim o interior do livro com ilimitada confiança. Silêncio do livro que atraía mais e mais. Cujo conteúdo não era assim tão importante. Pois a leitura ainda caiu naquela época em que se inventam na cama as próprias histórias. A criança vai rastejando esses caminhos semiencobertos. Durante a leitura ela tapa os ouvidos; o seu livro fica sobre aquela mesa demasiado alta e uma mão está sempre sobre a página. Para a criança, as aventuras do

Rua de mão única

herói ainda são legíveis no torvelinho das letras como figura e mensagem na agitação dos flocos. Sua respiração paira sobre a atmosfera dos acontecimentos e todas as figuras bafejam-na. A criança mistura-se com as personagens de maneira muito mais íntima do que o adulto. É atingida pelo acontecimento e pelas palavras trocadas de maneira indizível, e quando a criança se levanta está inteiramente envolta pela neve que soprava da leitura.

CRIANÇA QUE CHEGOU ATRASADA. O relógio no pátio da escola parece avariado pela sua culpa. O ponteiro está marcando "atrasado". E no corredor penetra um murmúrio de secreta deliberação que sai das portas das classes que a criança percorre. Atrás das portas, professor e alunos são amigos. Ou então tudo fica em silêncio, como se esperassem por alguém. Sem o menor ruído, a criança coloca a mão na maçaneta. O sol molha a faixa onde ela está. Profana então o dia verde e abre. Ela ouve a voz do professor matraquear como uma roda de moinho; detém-se perante o trabalho da moenda. A matraca da voz conserva o seu compasso, mas agora os rapazes atiram tudo sobre o recém-chegado; dez, vinte pesados sacos voam em sua direção, os quais ele deve carregar para o banco. Todos os fios de seu pequeno casaco estão salpicados de branco. Como uma pobre alma à meia-noite, a cada passo a criança provoca um estrondo, e ninguém a vê. Se então toma o seu lugar, participa em silêncio até o soar do sino. Mas não há nenhuma bênção nisso.

CRIANÇA LAMBISCANDO. Pela fresta do guarda-comida entreaberto sua mão avança como um amante pela noite. Uma vez familiarizada com a escuridão, tateia em busca de açúcar ou amêndoas, uvas passas ou compotas. E assim como o amante abraça a sua amada antes de beijá-la, da mesma forma o tato tem um encontro preliminar com as guloseimas antes que a boca as

Reflexões sobre a criança, o brinquedo e a educação

saboreie. Como o mel, punhados de passas e mesmo o arroz, como todos entregam-se lisonjeiramente à mão! Quão apaixonante esse encontro de dois que finalmente se subtraíram à colher. Agradecida e selvagem, como uma moça que se rouba da casa dos pais, assim a geleia de morangos se oferece aqui à degustação, sem o pãozinho e como que sob o livre céu de Deus, e mesmo a manteiga retribui com ternura a ousadia de um pretendente que tomou de assalto o seu quarto de menina. A mão, o jovem Don Juan, penetrou logo em todas as celas e aposentos, deixando atrás de si camadas que escorrem e quantidades que fluem: virgindade que se renova sem queixas.

CRIANÇA ANDANDO DE CARROSSEL. O tablado com os seus animais dóceis gira rente ao chão. Alcançou a altura em que melhor se sonha voar. Começa a música e, aos trancos, a criança vai girando para longe de sua mãe. A princípio ela tem medo de abandonar a mãe. Depois, porém, ela se dá conta de quão fiel ela mesma é. Reina como fiel soberano sobre um mundo que lhe pertence. Na tangente, árvores e nativos formam colunas. E então a mãe aponta de novo em um oriente. Em seguida surge da floresta virgem uma fronde que a criança já vira há milênios, tal como acaba de vê-la justamente agora, no carrossel. O seu animal lhe é afeiçoado: como um mudo Arion ela vai deslizando sobre o seu mudo peixe, um Zeus-touro em madeira sequestra-a como Europa imaculada. Há muito que o eterno retorno de todas as coisas tornou-se sabedoria infantil, e a vida um êxtase primordial do domínio, com a retumbante orquestração ao centro como tesouro do trono. Se ela toca mais devagar, o espaço começa a tartamudear e as árvores começam a voltar a si. O carrossel torna-se terreno inseguro. E surge a mãe, estaca solidamente cravada no chão sobre a qual a criança que aterriza lança as amarras de seus olhares.

Rua de mão única

CRIANÇA DESORDEIRA. Toda pedra que ela encontra, toda flor colhida e toda borboleta capturada já é para ela o começo de uma coleção e tudo aquilo que possui constitui para ela uma única coleção. Na criança, essa paixão revela o seu verdadeiro rosto, o severo olhar de índio que continua a arder nos antiquários, pesquisadores e bibliômanos, porém com um aspecto turvado e maníaco. Mal entra ela na vida e já é caçador. Caça os espíritos cujos vestígios fareja nas coisas; entre espíritos e coisas transcorrem-lhe anos, durante os quais o seu campo visual permanece livre de seres humanos. Sucede-lhe como em sonhos: ela não conhece nada de permanente; tudo lhe acontece, pensa ela, vem ao seu encontro, se passa com ela. Os seus anos de nômade são horas passadas na floresta de sonhos. De lá ela arrasta a presa para casa, para limpá-la, consolidá-la, desenfeitiçá-la. Suas gavetas precisam transformar-se em arsenal e zoológico, museu policial e cripta. "Pôr em ordem" significaria aniquilar uma obra repleta de castanhas espinhosas, que são as clavas medievais, papéis de estanho, uma mina de prata, blocos de madeira, os ataúdes, cactos, as árvores totêmicas e moedas de cobre, que são os escudos. A criança já ajuda há muito tempo no armário de roupas da mãe, na biblioteca do pai, enquanto que no próprio território continua sendo o hóspede mais instável e belicoso.

CRIANÇA ESCONDIDA. Já conhece todos os esconderijos da casa e retorna a eles como a um lar onde se está seguro de encontrar tudo como antes. O coração palpita-lhe, ela prende a respiração. Aqui ela está encerrada no mundo material. Este mundo torna-se extraordinariamente nítido para ela, acerca-se dela em silêncio. Assim, somente alguém que vai ser enforcado se dá conta do que significam cordas e madeira. Atrás do cortinado, a própria criança transforma-se em algo ondulante e branco, converte-se em fantasma. A mesa de jantar, debaixo da qual ela se pôs de cócoras, a faz transformar-se em ídolo de madeira em um templo onde as pernas talhadas são as quatro colunas. E atrás de uma porta, ela própria é porta, incorporou-a como pesada máscara e, feita um sacerdote-mago, enfeitiçará todas as pessoas que entrarem desprevenidas. Por preço algum ela deve ser encontrada. Quando ela faz caretas, dizem-lhe que basta o relógio bater as horas e a careta ficará para sempre. O que há de verdade nisso tudo, a criança sabe-o em seu esconderijo. Quem a descobrir pode fazê-la petrificar-se como ídolo debaixo da mesa, entretecê-la para sempre como fantasma na cortina, bani-la pelo resto da vida na pesada porta. Por isso, quando é tocada por aquele que a procura, a criança deixa escapar com um forte grito o demônio que a transformaria, para que não seja encontrada — na verdade, nem espera por esse momento, antecipa-se a ele com um grito de autolibertação. Por isso, ela jamais se cansa da luta com o demônio. Nessa luta, a casa é o arsenal das máscaras. Contudo, uma vez por ano, encontram-se presentes em lugares misteriosos, nas órbitas vazias dos olhos, na severa boca da casa. A mágica experiência torna-se ciência. Como seu engenheiro, a criança desencanta a sombria casa dos pais e procura ovos de Páscoa.

Filatelia

A criança mira em direção à longínqua Libéria através de um binóculo que segura ao contrário: lá está ela atrás de sua pequena faixa de mar, com suas palmeiras, exatamente como a mostram os selos. Com Vasco da Gama, a criança navega ao redor de um triângulo isósceles como a esperança e cujas cores modificam-se com o clima. Prospecto turístico do Cabo da Boa Esperança. Quando ela vê o cisne nos selos australianos, então — mesmo nos valores azuis, verdes e marrons — só pode ser o cis-

Rua de mão única

ne negro, que existe apenas na Austrália e desliza aqui sobre as águas de um tanque como sobre o oceano mais pacífico.

Selos são os cartões de visita que os grandes Estados deixam no quarto das crianças.

Como Gulliver a criança viaja por países e povos de seus selos. Geografia e história dos liliputianos, a ciência inteira do pequeno povo, com todos os seus números e nomes, lhe é inspirada durante o sono. Ela participa de seus negócios, frequenta suas purpúreas assembleias populares, assiste ao lançamento à água de seus pequenos navios e comemora jubileus com suas cabeças coroadas, que reinam atrás de sebes.

(1926-1928)

Programa de um
teatro infantil proletário[1]

Observação preliminar

Todo movimento proletário que escapou alguma vez do esquema de discussão parlamentar encara a nova geração, entre as muitas forças com as quais se defronta repentina e inesperadamente, como a mais forte, mas também a mais perigosa de todas. A autoconfiança do embotamento parlamentar decorre precisamente do fato de que os adultos permanecem relaciona-

---

[1] Walter Benjamin escreveu este ensaio (inédito durante a sua vida) para a letã Asja Lacis (1891-1979), a qual criara em 1918, sob o comunismo de guerra, uma companhia de teatro infantil em Orel, Rússia. Dez anos depois, ela planejou dar continuidade à sua experiência com teatro infantil em Berlim, na Casa Liebknecht. Em seu livro de memórias, publicado em 1971, Lacis faz o seguinte relato: "Discuti minuciosamente esse tema com Walter Benjamin. Eu deveria elaborar um programa. Benjamin disse que escreveria esse programa e fundamentaria teoricamente o meu trabalho em Orel. Ele realmente o escreveu, mas na primeira versão as minhas teses foram apresentadas de maneira terrivelmente complicada. Leu-se o programa na Casa Liebknecht e vieram as risadas: 'É isso que Benjamin escreveu para você!?'. Devolvi-lhe o programa e disse que ele deveria escrever de forma mais compreensível. O 'Programa de um teatro infantil proletário' que se conservou é a segunda variante". (N. do T.)

dos entre si. Sobre crianças, ao contrário, frases não têm nenhum poder. Em um ano pode-se conseguir que em todo o país as crianças as repitam. A questão, porém, é como se consegue que em dez ou vinte anos se atue conforme o programa partidário. E para isso frases não contribuem em nada.

A educação proletária deve ser construída pelo programa do partido, mais precisamente, pela consciência de classe. Mas o programa partidário não é nenhum instrumento de uma educação infantil calcada na consciência de classe, pois a própria ideologia, em si extremamente importante, atinge a criança apenas enquanto frase. Nós perguntamos com muita simplicidade, mas também jamais deixaremos de perguntar, pelos instrumentos de uma educação de crianças proletárias baseada na consciência de classe. Para isso, vamos abstrair, nas partes seguintes, do ensino científico, pois muito antes que as crianças possam ser instruídas de uma forma proletária (em questões ligadas à técnica, à história de classe, à eloquência etc.) elas precisam ser educadas proletariamente. Vamos começar com o quarto ano de vida.

A educação burguesa das crianças menores é, em consonância com a situação de classe da burguesia, assistemática. Evidentemente a burguesia possui o seu sistema educacional. A desumanidade de seus conteúdos trai-se contudo exatamente pelo fato de que estes fracassam em relação à infância mais nova. Sobre esta idade apenas o verdadeiro pode atuar de maneira produtiva. A educação proletária das crianças pequenas precisa diferenciar-se da educação burguesa em primeiro lugar através do sistema. Aqui, porém, sistema significa contexto. Seria uma situação absolutamente insuportável para o proletariado se a cada seis meses, como ocorre nos jardins de infância da burguesia, desse entrada em sua pedagogia um novo método com os últimos refinamentos psicológicos. Em todos os âmbitos — e a pedagogia não constitui nenhuma exceção — o interesse pelo "método" é um posicionamento genuinamente burguês, a ideologia do "continuar a enrolar" e da preguiça. A educação proletária necessita portanto, sob todos os aspectos, primeiramente de um contexto, um terreno objetivo *no* qual se educa. Não necessita, como a burguesia, de uma ideia *para* a qual se educa.

Vamos fundamentar agora por que o contexto da educação proletária do quarto até o décimo quarto ano de vida é o teatro infantil proletário.

A educação da criança exige: *deve-se abranger toda a sua vida.*

A educação proletária exige: *deve-se educar em um terreno delimitado.*

Esta é a dialética positiva da questão. Uma vez porém que a totalidade da vida, em sua plenitude ilimitada, aparece emoldurada em um contexto e como terreno única e exclusivamente no teatro, por esse motivo o teatro infantil proletário é para a criança proletária o lugar de educação dialeticamente determinado.

Esquema de tensão

Vamos deixar em aberto se o teatro infantil, do qual se falará agora, possui ou não possui uma correspondência exata com o grande teatro nos pontos culminantes de sua história. Em contrapartida devemos estabelecer com toda firmeza que esse teatro nada tem em comum com o da burguesia atual. O teatro da burguesia atual encontra-se determinado economicamente pelo lucro; sociologicamente, ele é em primeiro lugar, na frente e atrás dos bastidores, instrumento de sensação. O teatro infantil proletário é outra coisa. Assim como o primeiro ato dos bolcheviques foi erguer a bandeira vermelha, assim também o seu primeiro instinto foi organizar as crianças. Nessa organização, o teatro infantil proletário, motivo fundamental da educação bolchevique,

Reflexões sobre a criança, o brinquedo e a educação

desenvolveu-se como ponto central. Para este fato há a contraprova, que não deixa nenhum resto. À burguesia nada parece mais perigoso para crianças do que teatro. Isto não é apenas um efeito residual de um velho terror burguês: comediantes nômades que roubavam crianças. Muito mais, arrepia-se aqui a consciência amedrontada pela possibilidade de ver a força mais poderosa do futuro ser despertada nas crianças mediante o teatro. E essa consciência manda a pedagogia burguesa proscrever o teatro. Pois como ela reagiria então se sentisse em sua proximidade o fogo no qual realidade e jogo se fundem para as crianças, imbricam-se tão intimamente que sofrimentos encenados podem converter-se em sofrimentos autênticos, surras encenadas em surras reais?

Todavia, as encenações desse teatro não são, como as do grande teatro burguês, a verdadeira meta do intenso trabalho coletivo desempenhado nos clubes infantis. Aqui as encenações acontecem de passagem, por descuido, se poderia dizer, quase como uma travessura das crianças, que interrompem dessa maneira o estudo que, fundamentalmente, jamais é concluído. O diretor não dá muito valor a essa conclusão. Importam-lhe antes as tensões que se resolvem em tais encenações. As tensões do trabalho coletivo são os verdadeiros educadores. O trabalho educativo precipitado, demasiado atrasado, imaturo, trabalho esse que o diretor burguês executa sobre os atores da burguesia, não tem lugar nesse sistema. Por quê? Porque no clube infantil nenhum diretor poderia sustentar-se se quisesse empreender a tentativa genuinamente burguesa de influir sobre as crianças, de maneira imediata, enquanto "personalidade moral". Influência moral não existe aqui. Influência imediata não existe aqui. (E nessas baseia-se o trabalho de direção no teatro burguês.) O que conta é única e exclusivamente a influência imediata do diretor sobre as crianças através de conteúdos, tarefas, eventos. A coletividade das próprias crianças encarrega-se de executar os inevitáveis ajustes e correções morais. Este é o motivo pelo qual as encenações do teatro infantil têm de atuar sobre os adultos como autêntica instância moral. Perante o teatro infantil não há posição possível para um público superior. Aquele que ainda não se imbecilizou por completo, este sentirá talvez vergonha. Mas também isto não leva muito adiante. Os teatros infantis proletários exigem, para atuarem de maneira produtiva, uma coletividade como público absolutamente implacável. Em uma palavra: exigem a classe. Assim como, por outro lado, apenas a classe operária possui um sentido infalível para a existência de coletividades. Tais coletividades são as assembleias populares, o exército, a fábrica. Mas também a criança constitui uma tal coletividade. E é prerrogativa da classe operária prestar a máxima atenção à coletividade infantil, a qual jamais pode adquirir contornos nítidos para a burguesia. Esse coletivo irradia não apenas as forças mais poderosas, mas também as mais atuais. A atualidade da criação e do comportamento infantil é, de fato, inatingível. (Remetemos às conhecidas exposições dos mais recentes desenhos de crianças.)

O cerceamento da "personalidade moral" na figura do diretor libera imensas forças para o verdadeiro gênio da educação: a observação. Apenas esta é o coração do amor não sentimental. Não serve para nada um amor pedagógico que jamais é levado pela observação da própria vida infantil a abdicar do ímpeto e prazer que sente, na grande maioria dos casos, em corrigir a criança, baseado em presumível superioridade intelectual e moral. Esse amor é sentimental e vão. Mas à observação — e somente aqui começa a educação — toda ação e gesto infantil transformam-se em sinal. Não tanto, como apraz ao psicólogo, sinal do inconsciente, das latências, repressões, censuras, mas antes sinal de um mundo no qual a criança vive e dá ordens. O novo conhecimento da criança, que se desenvolveu nos clubes infantis russos, levou ao seguinte postulado: a criança vive em seu mundo como ditador. Por isso, uma "teoria dos sinais" não é nenhuma força de expressão. Quase todo gesto infantil significa uma ordem e um sinal em um meio para o qual só raramente homens geniais descortinaram uma vista. Entre todos eles, sobressaiu-se Jean Paul.

É tarefa do diretor libertar os sinais infantis do perigoso reino mágico da mera fantasia e conduzi-los à sua execução nos conteúdos. Isto acontece nas variadas oficinas de trabalho. Nós sabemos — para falar apenas da pintura — que o essencial, também nessa forma de atuação infantil, é o gesto. Konrad Fiedler, em seu livro *Schriften über Kunst* [Escritos sobre arte], foi o primeiro a provar que o pintor não é um homem que vê de maneira mais naturalista, poética ou extática do que as outras pessoas. É antes um homem que observa mais intimamente com a mão quando o olhar se tolhe; que transmite a inervação receptiva dos músculos ópticos à inervação criadora da mão. Inervação criadora em correspondência precisa com a receptiva, eis todo gesto infantil. O desenvolvimento desse gesto infantil até as diferentes formas de expressão — enquanto preparação de requisitos teatrais, pintura, recitação, música, dança, improvisação — compete às variadas oficinas.

Em todas elas a improvisação permanece como central; pois, em última instância, a encenação é apenas a síntese improvisada de todas. A improvisação predomina; ela é a constituição da qual emergem os sinais, os gestos sinalizadores. E encenação ou teatro deve, justamente por isso, ser a síntese desses gestos, pois tão somente a encenação se manifesta de maneira inesperada e única, e o gesto infantil tem nela portanto o seu autêntico espaço. Aquilo que se extrai à força das crianças, como "desempenho" acabado, jamais pode medir-se em autenticidade com a improvisação. O diletantismo aristocrático, que tinha em vista tais "desempenhos artísticos" dos pobres educandos, abarrotou por fim

Programa de um teatro infantil proletário

as estantes e a memória destes com cacarecos, os quais eram guardados piedosamente, apenas para atormentar por sua vez os próprios filhos com a lembrança da remota juventude dos pais. Todo desempenho infantil orienta-se não pela "eternidade" dos produtos, mas sim pelo "instante" do gesto. Enquanto arte efêmera, o teatro é arte infantil.

Esquema de resolução

À construção pedagógica do trabalho nas oficinas contrapõe-se a encenação, da mesma forma como a resolução se contrapõe à tensão. Em face da encenação, o diretor recua inteiramente para um plano secundário. Pois nenhuma sabedoria pedagógica pode prever como as crianças, através de milhares de variações surpreendentes, sintetizam em uma totalidade teatral os gestos e habilidades treinados. Se já para o ator profissional a estreia entra frequentemente em consideração como ensejo para testar as mais felizes variações no papel estudado, na criança então ela leva o gênio da variação a plenos poderes. A encenação contrapõe-se ao treinamento educativo como libertação radical do jogo, num processo que o adulto pode tão somente observar.

Os embaraços da pedagogia burguesa e da geração burguesa em desenvolvimento buscam agora novo alento no movimento para a "cultura juvenil". O conflito que esta recente tendência está determinada a dissimular localiza-se nas reivindicações que a sociedade burguesa, como toda sociedade política, dirige às energias da juventude, as quais não podem mais ser revitalizadas politicamente de maneira imediata. Isto vale sobretudo para as energias das crianças. A "cultura juvenil" tenta agora um compromisso sem perspectivas: ela esvazia o entusiasmo juvenil mediante reflexões idealistas sobre si mesma para substituir imper-

Reflexões sobre a criança, o brinquedo e a educação

ceptivelmente as ideologias formais do idealismo alemão pelos conteúdos da classe burguesa. O proletariado não deve levar o seu interesse de classe para a proximidade da nova geração através dos meios ilícitos de uma ideologia, a qual está determinada a subjugar a sugestionabilidade infantil. A disciplina que a burguesia exige das *crianças* é o seu estigma. O proletariado *disciplina* apenas os proletários em desenvolvimento; a sua educação ideológica de classe começa com a puberdade. A pedagogia proletária demonstra a sua superioridade ao garantir às crianças a realização de sua infância. Nem por isso o campo onde isto acontece precisa estar isolado do espaço das lutas de classes. De maneira lúdica os seus conteúdos e símbolos podem muito bem — talvez devam — encontrar lugar nesse espaço. Mas não podem assumir um domínio formal sobre as crianças. Também não irão reivindicar tal domínio. Assim não se necessita, mesmo em relação ao proletariado, daqueles milhares de palavrinhas com as quais a burguesia mascara as lutas de classes de sua pedagogia. Poder-se-á renunciar assim tanto às práticas "imparciais", "compreensivas", "sensíveis", como também às educadoras "cheias de amor pela criança".

A encenação é a grande pausa criativa no trabalho educacional. Ela representa no reino das crianças aquilo que o carnaval representava nos antigos cultos. O mais alto converte-se no mais baixo de todos, e assim como em Roma, nos dias saturnais, o senhor servia ao escravo, assim também as crianças sobem ao palco durante a encenação e ensinam e educam os atentos educadores. Novas forças, novas inervações vêm à luz, das quais frequentemente o diretor jamais teve qualquer vislumbre durante o trabalho. Ele vem a conhecê-las somente nessa selvagem libertação da fantasia infantil. Crianças que fizeram teatro dessa maneira libertaram-se em tais encenações. A sua infância realizou-se no jogo. Elas não arrastam resquícios que mais tarde venham

Programa de um teatro infantil proletário

a tolher, com lamuriantes recordações da infância, uma atividade não sentimental. Ao mesmo tempo, esse teatro infantil é o único proveitoso para o espectador infantil. Quando adultos representam para crianças irrompem tolices.

Nesse teatro infantil existe uma força que aniquilará o posicionamento pseudorrevolucionário do mais recente teatro da burguesia. Pois não é a propaganda de ideias que atua de maneira verdadeiramente revolucionária, propaganda que instiga aqui e ali a ações irrealizáveis e perante a primeira consideração sóbria à saída do teatro se dá por vencida. De maneira verdadeiramente revolucionária atua o *sinal secreto* do vindouro, o qual fala pelo gesto infantil.

(1928)

Uma pedagogia comunista

Psicologia e ética são os polos em torno dos quais se agrupa a pedagogia burguesa. Não se deve supor que ela esteja estagnada. Ainda atuam nela forças ativas e, por vezes, também significativas. Apenas, nada podem fazer contra o fato de que a maneira de pensar da burguesia, aqui como em todos os âmbitos, está cindida de uma forma não dialética e rompida interiormente. Por um lado, a pergunta pela natureza do educando: psicologia da infância, da adolescência; por outro lado, a meta da educação: o homem integral, o cidadão. A pedagogia oficial é o processo de adaptação mútua entre esses dois momentos — a predisposição natural abstrata e o ideal quimérico — e os seus progressos obedecem à orientação de substituir cada vez mais a violência pela astúcia. A sociedade burguesa hipostasia uma essência absoluta da infância ou da juventude, à qual ela atribui o nirvana dos *Wandervögel*,[1] dos escoteiros, hipostasia uma essência igualmente

---

[1] *Wandervögel* (literalmente, "aves de arribação"): membros da associação juvenil Wandervogel, fundada em 1896 e dissolvida em 1933 com a ascensão do nacional-socialismo ao poder. Muitos desses grupos de jovens que empreendiam viagens e excursões sem destino definido foram integrados à Juventude Hitlerista. (N. do T.)

absoluta do ser humano ou do cidadão, adornando-a com os atributos da filosofia idealista. Na verdade, ambas as essências são máscaras complementares entre si, do concidadão útil, socialmente confiável e ciente de sua posição. É o caráter inconsciente dessa educação, ao qual corresponde uma estratégia de insinuações e empatias. "As crianças têm mais necessidade de nós do que nós delas", eis a máxima inconfessada dessa classe, que subjaz tanto às especulações mais sutis de sua pedagogia como à sua prática da reprodução. A burguesia encara a sua prole enquanto herdeiros; os deserdados, porém, a encaram enquanto apoio, vingadores ou libertadores. Esta é uma diferença suficientemente drástica. Suas consequências pedagógicas são incalculáveis.

Em primeiro lugar, a pedagogia proletária não parte de duas datas abstratas, mas de uma concreta. A criança proletária nasce dentro de sua classe. Mais exatamente, dentro da prole de sua classe, e não no seio da família. Ela é, desde o início, um elemento dessa prole, e não é nenhuma meta educacional doutrinária que determina aquilo que essa criança deve tornar-se, mas sim a situação de classe. Esta situação penetra-a desde o primeiro instante, já no ventre materno, como a própria vida, e o contato com ela está inteiramente direcionado no sentido de aguçar desde cedo, na escola da necessidade e do sofrimento, sua consciência. Esta transforma-se então em consciência de classe. Pois a família proletária não é para a criança melhor proteção contra uma compreensão cortante da vida social do que o seu puído casaquinho de verão contra o cortante vento de inverno. Edwin Hoernle[2] dá suficientes exemplos de organizações infantis revolucionárias, greves escolares espontâneas, greves de crianças durante a colheita

---

[2] Edwin Hoernle, *Grundfragen der proletarischen Erziehung* [Questões fundamentais da educação proletária], Berlim, 1929.

Uma pedagogia comunista

de batatas etc. O que diferencia os movimentos de seu pensamento das melhores e mais sinceras reflexões por parte da burguesia é que ele considera seriamente não apenas a criança, a natureza infantil, mas também a situação de classe da própria criança, situação essa que jamais constitui um problema real para o "reformador escolar". A este Hoernle dedicou o penetrante parágrafo final de seu livro, que tem a ver ainda com os "reformadores sociais austro-marxistas" e com o "idealismo pedagógico de fachada revolucionária", os quais levantam protestos contra a "politização da criança". Mas — assinala Hoernle — será que escola primária e profissionalizante, militarismo e Igreja, associações de juventude e escoteiros seriam, em sua função oculta e exata, outra coisa senão instrumentos de uma instrução antiproletária dos proletários? A essas instituições contrapõe-se a educação comunista, seguramente não de maneira defensiva, mas sim enquanto uma função da luta de classes. Da luta da classe pelas crianças, as quais lhe pertencem e para as quais a classe existe.

Educação é função da luta de classes, mas não apenas isso. Ela coloca, segundo o credo comunista, a avaliação completa do meio social dado a serviço de metas revolucionárias. Mas, como esse meio social não é apenas lutas, mas também trabalho, a educação apresenta-se ao mesmo tempo como educação revolucionária do trabalho. Este livro dá o melhor de si ao tratar do programa dessa educação revolucionária. Com isso, introduz o leitor no programa dos bolcheviques em um ponto decisivo. Durante a era de Lênin teve lugar na Rússia a significativa discussão a respeito de formação monotécnica ou politécnica. Especialização ou universalismo do trabalho? A resposta do marxismo proclama: universalismo! Apenas enquanto o homem vivencia as mais diferenciadas transformações do meio social, apenas ao mobilizar sempre de novo, em cada novo meio, as suas energias, colocando-as a serviço da classe, apenas assim ele atinge aquela

Reflexões sobre a criança, o brinquedo e a educação

disposição universal para a ação, a qual o programa comunista contrapõe àquilo que Lênin chamou de "o traço mais repugnante da velha sociedade burguesa": a dissociação entre prática e teoria. A ousada e imprevisível política dos russos em relação à mão de obra é inteiramente o produto desse novo universalismo, não contemplativo e humanista, mas ativo e prático: o universalismo da disposição imediata. A incalculável possibilidade de aproveitamento da pura força de trabalho humano, possibilidade que a todo momento o capital traz à consciência do explorado, retorna, em estágio superior, enquanto formação politécnica do homem, em oposição à especializada. São princípios fundamentais da educação das massas, cuja fecundidade para a educação dos jovens se pode apalpar com as mãos.

Apesar disso, não é fácil aceitar sem reservas a formulação de Hoernle de que a educação das crianças não se distingue em nada de essencial da educação das massas adultas. Em face de considerações tão ousadas damo-nos conta de quão desejável ou mesmo quão necessário seria complementar a exposição política que aqui se apresenta com uma exposição filosófica. Mas, sem dúvida alguma, faltam ainda todos os trabalhos preliminares para uma antropologia dialético-materialista da criança proletária. (Do mesmo modo como, desde Marx, o estudo do proletário adulto não ganhou nada de novo.) Essa antropologia não seria outra coisa senão um confronto com a psicologia da criança, cuja posição teria então de ser substituída por minuciosos protocolos — elaborados segundo os princípios do materialismo dialético — a respeito daquelas experiências que foram realizadas nos jardins de infância proletários, grupos de jovens, teatros infantis, ligas da juventude. O presente manual deve ser complementado o mais breve possível por tal antropologia.

É efetivamente um manual, mas ainda mais do que isso. Não há na Alemanha, fora dos escritos políticos e econômicos, nenhuma literatura marxista ortodoxa. É esta a principal causa da surpreendente ignorância dos intelectuais — com inclusão da esquerda — a respeito de assuntos marxistas. Com penetrante autoridade, o livro de Hoernle demonstra em relação a um dos temas mais elementares, a pedagogia, o que é o pensamento marxista ortodoxo e para onde ele leva. Deve-se tê-lo sempre em mente.

(1929)

Quebra-nozes. Imitação em madeira de uma figura de maiólica. Província de Moscou, *c.* 1860. Da coleção Walter Benjamin.

Bonecos da região de Wiatka. O cavalo, ainda visível à esquerda, funde-se com o cavaleiro no modelo da direita. Segundo Benjamin, brinquedos populares aspiram a formas simplificadas. Da coleção Walter Benjamin.

Brinquedos russos

Originariamente os brinquedos de todos os povos descendem da indústria doméstica. A primitiva riqueza de formas do povo baixo, dos camponeses e artesãos, constitui até os dias de hoje uma base segura para o desenvolvimento do brinquedo infantil. Não há nada de extraordinário nisso. O espírito do qual descendem os produtos, o processo total de sua produção, e não apenas o seu resultado, está sempre presente para a criança no brinquedo, e é natural que ela compreenda muito melhor um objeto produzido por técnicas primitivas do que um outro que se origina de um método industrial complicado. Diga-se de passagem que o moderno ímpeto de produzir brinquedos infantis "primitivos" tem o seu verdadeiro núcleo nesse fato. Seria muito bom se os nossos artesãos com pretensões artísticas não esquecessem com tanta frequência que não são as formas construtivas e esquemáticas que passam à criança a impressão do primitivo, mas sim a construção total de sua boneca ou de seu cãozinho, na medida em que ela possa imaginar como esses brinquedos são feitos. É exatamente isso que a criança deseja saber, é isso que estabelece uma relação viva com suas coisas. E uma vez que, em se tratando de brinquedos, é isso o que mais importa, pode-se dizer que, de todos os europeus, talvez apenas os alemães e os russos possuam o legítimo gênio do brinquedo.

Uma cidade se apoia em três baleias. Esculpido em madeira, o motivo provém de uma saga russa. Da coleção Walter Benjamin.

Antigo cavalo de madeira, proveniente da província de Wladimir. Da coleção Walter Benjamin.

Brinquedos russos

São conhecidos por todos, não apenas na Alemanha, mas também no mundo inteiro — a indústria de brinquedos alemã é a mais internacional de todas —, os minúsculos reinos de bonecas e de animais, as casinhas camponesas em caixas de fósforos, as arcas de Noé e as cenas pastoris, tal como são feitas nas aldeias da Turíngia e da região do Erzgebirge, e também nos arredores de Nuremberg. Brinquedos russos, porém, são em geral desconhecidos. Sua produção é pouco industrializada e, fora das fronteiras russas, sua difusão vai apenas um pouco além da figura estereotipada da "Baba", uma pequena peça de madeira em forma de cone, totalmente pintada, e que representa uma camponesa.

Na verdade, o brinquedo russo é o mais rico e variado de todos. Os 150 milhões de pessoas que habitam o país distribuem-se em centenas de grupos étnicos, e cada um desses povos possui por sua vez uma atividade artística mais ou menos primitiva, mais ou menos desenvolvida. Há, portanto, brinquedos em centenas de linguagens de formas, nos mais diferentes materiais. Madeira, argila, osso, feltro, papel, *papier mâché* aparecem sozinhos ou em combinações. Entre estes materiais, a madeira é o mais importante. Em quase todas as regiões desse país de imensas florestas possui-se uma maestria incomparável em seu tratamento — no talhar, colorir e laquear. Desde os simples bonecos feitos da macia madeira de vime branco, desde as vacas, as ovelhas e os porcos talhados em estilo bastante realista, até aquelas caixas laqueadas e artisticamente pintadas com cores brilhantes, sobre as quais estão representados o camponês em sua troica, lavradores ao redor de um samovar, ceifadoras ou lenhadores durante o trabalho, e chegando inclusive até aqueles imensos grupos de monstros, que são reproduções plásticas de velhas sagas e lendas, todos estes brinquedos e brincadeiras de madeira enchem lojas e lojas das mais elegantes ruas de Moscou, Leningrado, Kiev, Kharkov e Odessa. O Museu de Brinquedos de Moscou possui a maior

Boneca de palha, cerca de 15 cm de altura. É confeccionada no verão, durante a colheita nos campos, e depois guardada seca. Provavelmente evoca um arcaico fetiche de colheita. Da coleção Walter Benjamin.

coleção desses objetos. Três estantes do museu estão repletas de brinquedos de argila procedentes do norte da Rússia. A robusta expressão camponesa dessas bonecas do distrito de Wiatka contrasta de certo modo com sua constituição extremamente frágil. Contudo, sobreviveram ilesas à longa viagem. E é muito bom que tenham encontrado asilo seguro no museu moscovita. Pois quem sabe por quanto tempo ainda essa porção da arte popular poderá resistir ao avanço irresistível da técnica, que atravessa atualmente toda a Rússia. Parece que a demanda por essas coisas já está diminuindo, pelo menos nas cidades. Mas lá em cima, na sua pátria, elas ainda vivem em segurança, da mesma forma como antigamente continuam sendo modeladas na casa do camponês após a jornada de trabalho, pintadas com cores brilhantes e depois cozidas.

(1930)

Elogio da boneca

Glosas críticas a
Bonecas e teatro de marionetes, de Max von Boehn[1]

Os livros de Max von Boehn estão entre aqueles que designamos com prazer por "achados". Não certamente naquele sentido grandioso e original que se aplica às obras de um Görres, de um Bastian ou mesmo de um Borinski, os quais produzem ainda, em grande parte, de primeira mão. Mas também Boehn possui a profusão de material, a confusão que às vezes parece proposital, a preferência pelo remoto e desconhecido que, com o encanto despojado de seus conteúdos, constitui a essência de um alfarrábio científico que apenas os pedantes poderão menosprezar. Se a tudo isso se acrescenta — como ocorre também nos livros de moda do autor, amplamente difundidos — uma resplandecente sequência de gravuras, o leitor inclina-se então facilmente à leitura e à contemplação. E não se permitirá que essa disposição de ânimo seja estragada por algumas reflexões críticas que o texto sugere ao leitor, às vezes com certa indiscrição.

A primeira delas refere-se à exposição e poderia parecer a mais superficial de todas. E, contudo, ela já é suficiente para ca-

---

[1] Max von Boehn, *Puppen und Puppenspiele* [Bonecas e teatro de marionetes], Munique, 1929, 2 vols.

Reflexões sobre a criança, o brinquedo e a educação

racterizar os pontos questionáveis de grandes partes do livro. Essa sequência monótona de orações principais (em algumas páginas contam-se sete, às vezes dez delas, uma atrás da outra) reproduz pela linguagem o gesto com o qual um guia turístico apresenta ao público, antes como proprietário, as preciosidades de uma sala de raridades, a qual não possui para ele mais nada de misterioso. Penetrar nesse material de extensão descomunal não é certamente fácil; e a torrente avoluma-se aqui tão mais ameaçadoramente quanto os princípios de seleção científica não se coadunam bem com o caráter dos livros de Boehn. Contudo (ou talvez exatamente por isso, pois não se podia exigir perfeição nesse caso), sente-se um leve mal-estar nas partes que tratam do presente, ao se perceber que a produção artístico-artesanal, ligada aos nomes de seus criadores, é ressaltada com tal brilho que leva a um obscurecimento da produção popular, viva ainda hoje. Não se destacam apenas Käte Kruse, Lotte Pritzel (que está muito bem caracterizada), Marion Kaulitz,[2] mas também outras figuras mais duvidosas. E ao vermos dez bonecas de porcelana de Nymphenburg reproduzidas nesse livro, perguntamo-nos onde ficam aquelas extraordinárias bonecas de argila que não provêm de nenhuma manufatura estatal, mas sim das mãos de camponeses da província de Wiatka. Em lugar das bonecas de trapo, divertidas e inúteis, que se colocam sobre gramofones, gostaríamos de ver os limpadores de chaminés, verdureiras, cocheiros de nobres, padeiros e colegiais, feitos de papéis colados, os quais se podem comprar em Riga por poucos centavos em lojas de brinquedos e papelarias. Mais do que o exotismo histérico das bonecas Relly de Milão,

---

[2] Essas três artistas a que se refere Benjamin conquistaram certa fama na Europa como criadoras de bonecas com traços realistas (*Charakterpuppen*). (N. do T.)

Figura de boneca em argila representando uma criada com duas crianças. Da coleção Walter Benjamin.

interessa-nos o exotismo discreto das de Barcelona que, em vez do coração, trazem no peito uma bala de açúcar.

    O autor toca de maneira suficientemente íntima os polos do mundo da boneca: amor e jogo. Mas sem direção, sem compasso e mapa geográfico. Pouco sabe ele do espírito do jogo, e aquilo que nos trouxe do outro hemisfério é escasso — deve ser visto sob a divisa "fetichismo da boneca". Ele jamais ouviu aquela confissão grandiosa e canônica que lábios ardentes balbuciam nos ouvidos das bonecas. "O que te importa se eu te amo?" Quem nos quer fazer crer que é a humildade do amante que sussurra essas palavras? É o próprio desejo, o desejo enlouquecido, e o seu

Reflexões sobre a criança, o brinquedo e a educação

ideal é a boneca. Ou não seria antes o cadáver? Uma vez que a própria imagem do amor, acossada até a morte, constitui uma meta para o ato de amar, e apenas isto confere ao boneco rígido ou exaurido, cujo olhar não é embotado mas alquebrado, o inesgotável magnetismo. A Olympia de Hoffmann o possui e também Madame Lampenbogen de Alfred Kubin; e eu conheci alguém que escreveu sobre as costas ásperas e não pintadas, tal como as têm as bonecas de madeira em Nápoles, as palavras de Baudelaire: "Que m'importe que tu sois sage",[3] e depois a deu de presente para reencontrar sua paz. O Eros que, esfolado, volta esvoaçando à boneca é o mesmo que outrora se emancipou dela em calorosas mãos infantis, razão pela qual o colecionador e amante mais extravagante está aqui mais próximo da criança do que o cândido pedagogo, que trabalha por empatia. Pois criança e colecionador, até mesmo criança e fetichista — ambos situam-se em um mesmo terreno, mas certamente em lados diferentes do maciço escarpado e fragmentado da experiência sexual.

A obstinada inclinação do autor pelo *juste milieu*, que jamais pode fazer inteira justiça ao tenso mundo das bonecas, se trai muito claramente na discussão que ele levanta, de forma pouco prudente, a respeito do texto de Kleist sobre as marionetes.[4] Ele não pretende aqui nada menos do que excluir essas pá-

----

[3] Primeiro verso do poema "Madrigal triste", incluído na 3ª edição de *As flores do mal*. A estrofe que se abre com o verso citado por Benjamin é a seguinte (na tradução de Ivan Junqueira): "Que me importa que saibas tanto?/ Sê bela e taciturna! As dores/ À face emprestam certo encanto,/ Como à campina o rio em pranto;/ A tempestade apraz às flores". (N. do T.)

[4] Trata-se do ensaio *Über das Marionettentheater* [Sobre o teatro das marionetes], que Heinrich von Kleist (1777-1811) publicou em dezembro de 1810. (N. do T.)

ginas, as quais sempre significaram para todos os amigos filosóficos das marionetes (e qual amigo das marionetes não seria filósofo?) a chave para o seu conhecimento, de uma vez por todas da discussão dessa questão. Com quais fundamentos? Kleist teria desenvolvido aqui de maneira metafórica, para protegê-los da censura, pensamentos políticos. Boehn não explica quais. Mas para mim foi este o ensejo mais desejado para tomar pela quarta ou quinta vez esse ensaio do qual se afirma que somente pessoas que jamais o leram podem fazer tanto alarido a seu respeito. Como a marionete é confrontada aqui com o deus, e como o homem, encerrado nos limites da reflexão, vacila impotente entre ambos, tudo isso forma efetivamente uma imagem tão inesquecível que poderia esconder muitos elementos inefáveis. Mas disso tudo nada sabemos. E se o autor tivesse se atido pura e simplesmente aos elementos não inefáveis, não lhe teria escapado aquele *élan* fecundo com que o Romantismo se apropriou há cem anos do seu tema.

Logo após essa duvidosa exegese de Kleist tem-se o prazer de se deparar com as "bonecas que se transformam ou as metamorfoses". Boehn dá como seu inventor Franz Genesius. Elas desempenhavam um papel central no teatro de marionetes de Schwiegerling, certamente um dos maiores encenadores de títeres de todos os tempos. Hoje parece que já se tornou difícil encontrar material sobre o seu teatro e, por isso, quero contar aqui as lembranças que ainda possuo da apresentação que o teatro de marionetes de Schwiegerling fez em Berna no ano de 1918. Na realidade, esse teatro de marionetes era uma tenda mágica. Havia apenas uma peça teatral por noite. Antes, porém, apresentavam-se os seus bonecos artísticos. Dois números ainda estão muito nítidos perante meus olhos. O polichinelo entra dançando com uma bela dama. De repente, quando a música está tocando com extrema doçura, a dama dobra-se e transforma-se em um balão

Reflexões sobre a criança, o brinquedo e a educação

que arrebata o polichinelo para o céu, pois por amor ele não a solta. Durante um minuto o palco fica inteiramente vazio, em seguida o polichinelo desaba com um barulho estrondoso. O outro número era triste. Uma moça, que parecia ser uma princesa encantada, toca num realejo uma triste melodia. De repente o realejo dobra-se. Doze pombas minúsculas como torrões de açúcar saem voando. A princesa, porém, afunda-se na terra, silenciosa e com os braços levantados. E exatamente agora enquanto escrevo, surge-me uma outra lembrança de então. Um palhaço comprido está sobre o palco, inclina-se para a frente e começa a dançar. Durante a dança ele chacoalha a manga e tira daí um pequeno palhaço-anão, vestido exatamente como ele, com roupas floreadas em vermelho e amarelo; e assim, a cada décimo segundo compasso da valsa, um novo anão. Até que por fim doze palhaços anões ou bebês, todos idênticos, estão dançando em círculo ao seu redor.

É inegável, especialmente em se tratando de teatro de marionetes, que aborrecerá a não poucos leitores ver como essa dedicação ferrenha ao insólito, esse incansável remexer no tesouro de curiosidades da existência vai se processando sem a menor paixão (sem paixão ordenada, entenda-se, mas também, infelizmente, sem aquela curiosidade desenfreada), de maneira tão fria e diligente. Quanta simpatia não lhe estaria garantida se o autor, debruçado sobre uma boneca ou marionete, esquecesse por um momento o seu tema e o seu manuscrito, o editor e o público, o seu tempo e, principalmente, se ele se esquecesse de si mesmo! Como não lhe seria profícua a atitude do colecionador, a qual, infelizmente (e a despeito da questão se ele o é ou não), está inteiramente distante dele. E essa exatidão, esse minucioso alinhavar do material, esse inventário completo de todos os dados, não seria tudo isso característico do colecionador? Efetivamente não. A verdadeira paixão do colecionador, com muita frequên-

Elogio da boneca

cia mal compreendida, é sempre anarquista, destrutiva. Pois esta é a sua dialética: vincular à fidelidade ao objeto, ao único, ao elemento oculto nele, o protesto subversivo e inflexível contra o típico, o classificável. A relação de propriedade coloca acentos inteiramente irracionais. Ao colecionador o mundo está presente em cada um de seus objetos; e, na verdade, de modo ordenado. Mas ordenado segundo uma relação surpreendente, incompreensível para o profano. Que se tenha em mente a importância que possui para todo colecionador não apenas o seu objeto, mas também todo o passado deste, assim como o passado que pertence à sua origem e qualificação objetiva, e ainda os detalhes de sua história aparentemente exterior: proprietários anteriores, preço de compra, valor etc. Para o verdadeiro colecionador, tudo isso, tanto os fatos científicos como aqueles outros, aglutina-se, em cada uma de suas propriedades, em uma enciclopédia mágica, em uma ordem universal cujo esboço é o destino de seu objeto. Colecionadores são os fisionômicos do mundo das coisas. Basta observar um deles, como ele manuseia os objetos de sua vitrine. Mal os tem em mãos, e ele parece inspirado pelos objetos, como um mágico parece contemplar através deles sua distância.

Nada semelhante encontramos em Boehn. E, contudo, se teria o direito de esperá-lo. Pois, de resto, o autor refreia tão pouco a sua subjetividade que em algumas passagens, em vez do doce aroma de verniz e mofo de bonecas novas e antigas, respiramos o vapor de cerveja que sopra de locais de reuniões hitleristas. "Todos nós conhecemos os profundos males que sofre o nosso povo e quem são os culpados, os quais possuem um interesse que se deixa exprimir em dinheiro e fazem com que o povo alemão não tome consciência de si mesmo e que valores cristãos e germânicos permaneçam abafados." Conhecemos esta linguagem, saberíamos onde ela é usada, mesmo se o autor nos privasse de sua "insatisfação" com a gritaria propagandística e com a ausên-

Reflexões sobre a criança, o brinquedo e a educação

cia de gosto, características de todos os eventos berlinenses. Mas, no fundo, sentiríamos talvez alegria em imaginar um velho e ranzinza nobre rural que nos deixa entrar em suas mais recônditas salas de tesouros, destaca uma ou outra de suas belas peças e de quando em quando dá livre curso mesmo aos seus sentimentos mais extravagantes. Mas onde se encontra nessa obra — que teria cem vezes motivo para isso — o lado amável e simpático, que nos permitiria aceitar facilmente coisas desse tipo (embora não na linguagem dos editoriais jornalísticos)?

Até aqui as glosas. Por fim, o leitor retornará a considerações mais conciliadoras e, de resto, o assunto intercede em favor de seu autor. Nada parece ser mais agradável, descompromissado e leve do que uma brincadeira com curiosidades. Encontrando-se aparentemente no domínio de todo escritor de folhetins, na verdade somente o gênio sabe tratar com maestria dessas "crianças enjeitadas". Nenhum outro como Jean Paul, que as tomava de seu fichário para, transformadas em metáforas, envolvê-las profundamente na serragem épica de seus romances e transmiti-las ilesas à posteridade. Pode ocorrer a alguns leitores desse livro de bonecas que ele passe a engendrar textos ao estilo de Jean Paul, buscando assim fazer justiça a fatos tão alegóricos como a marionete do enforcado, que apodrece na forca e vai se decompondo aos pedaços, os quais, logo depois, voltam a recompor-se. Ou o animal vivo do polichinelo, em Viena um coelho, em Hamburgo uma pomba, em Lyon um gato. Os Goncourts, habitantes da depravada Paris, sobre a qual Boehn nem gosta de falar, formularam certa vez, de maneira mais expressiva do que qualquer outro, aquilo que constitui o interesse central dos livros de moda e bonecas de Boehn: "Fazer história dos detritos da História". E isto é e sempre será algo louvável.

(1930)

Chichleuchlauchra

Sobre uma cartilha[1]

Que se afirme logo, pois não há tempo a perder, que o título acima não foi tomado à moderna cartilha, mas a uma antiga. É que justamente com essas monstruosidades fonéticas as cartilhas dos séculos XVI e XVII buscavam acossar as crianças. Por quê? Alguém que examine a questão poderá ter a sua diversão ao perceber que jamais faltou aos "maiores" um pretexto pedagógico qualquer para imporem-se às crianças com seus caprichos e manias, numa pose empertigada. Ao lermos *xakbak*, *zauzezizau* ou *spisplospruspla*, não precisamos topar em sua vizinhança com palavras de cartilha, como Hratschin, Jekutiel ou Nabucodonosor, para percebermos que são respingos da espuma de alexandrinos de Hofmannswaldau[2] e Lohenstein[3] que se

---

[1] Tom Seidmann-Freud, *Hurra, wir lesen! Hurra, wir schreiben! Eine Spielfibel* [Hurra, estamos lendo! Hurra, estamos escrevendo! Uma cartilha lúdica], Berlim, 1930.

[2] Christian Hofmann von Hofmannswaldau (1616-1679), poeta barroco alemão, autor de epigramas e formas variadas de versos. Considerado o principal representante alemão do marinismo, seu estilo caracteriza-se pela sintaxe rebuscada e metáforas obscuras. Autor, entre outros, de *Deutsche Übersetzungen und Gedichte* [Traduções e poemas alemães] (1679). (N. do T.)

[3] Daniel Casper von Lohenstein (1635-1683), poeta e dramaturgo alemão,

Reflexões sobre a criança, o brinquedo e a educação

extraviaram nas cartilhas contemporâneas. Certamente, porém, os mestres-escolas do século o imaginaram, sob suas perucas, de forma totalmente diferente. Eles terão dito então que algo nesse gênero seria útil, pois assim as crianças não poderiam trapacear, como por exemplo adivinhando em vez de ler. Mas que aprender a ler é, em boa parte, exatamente aprender a adivinhar, eis um fato ao qual mesmo os mais zelosos pedagogos da época não puderam chegar. Pois durante todo o tempo em que o ensino se agrupou ao redor dos eclesiásticos, a posição dos pedagogos esteve sempre ao lado do saber, de certa forma junto a Deus. E nada é mais curioso e comovente do que os passos desajeitados com os quais tentaram pela primeira vez aproximar-se da posição das crianças. Nem todos podiam seguir o conselho de Erasmo de Roterdã e, como um mestre-escola, fazer com que seus pupilos comessem, em ordem alfabética, um abecedário feito de massa para bolinhos. Outros imaginavam loterias de letras, dados de letras e semelhantes jogos. Em suma, a proposta de descontrair ludicamente a cartilha é velha, e a mais recente e radical tentativa, a cartilha póstuma de Seidmann-Freud, não se encontra fora da tradição pedagógica.

No entanto, se há algo que destaca esse livro elementar da série de todos os anteriores, então é a rara combinação do espírito mais profundo com a mão mais leve. Tal combinação possibilitou a valorização genuinamente dialética das inclinações infantis para colocá-las a serviço da escrita. O fundamento para isso foi a excelente ideia de juntar cartilha e caderno. Autoconfiança

---

considerado um dos mais significativos autores do barroco tardio. Suas peças históricas, muitas das quais escritas para levantar o moral dos alemães após a Guerra dos Trinta Anos, terminam de forma trágico-patética. Algumas obras: *Agrippina* (1665), *Ibrahim Sultan* (1673), *Sophonisbe* (1680). (N. do T.)

Chichleuchlauchra

e certeza despertarão na criança que faz seus exercícios de escrita e desenho entre as duas capas desse livro. Certamente a objeção de que aqui não é o lugar adequado está muito próxima. E, de fato, não é possível aprender a escrever no espaço aqui reservado, por mais amplos que sejam seus limites. Mas quão inteligente é essa medida! Em comparação com a monotonia paralisante daqueles cadernos de exercícios que trazem no início de cada linha, não raro só no início da página, a prescrição que se sobressai nesse deserto de neve como a cumeeira de uma igreja, e da qual a mão viajante da criança que avança no exercício vai distanciando-se cada vez mais, as páginas da presente cartilha mostram países de letras densamente povoados, e a tentação de viajar com o lápis de estação a estação se poria a caminho mesmo se não houvesse a instrução: "Preencha estas linhas com as novas letras". São tão poucas linhas que a criança sai muito rapidamente do livro. E, com isso, já foi alcançada uma das principais metas da autora. Pois o que lhe interessa é inserir o livro na totalidade da atividade infantil. É uma pequena enciclopédia de sua existência, na qual lápis de cor e correio infantil, jogos de movimentação e coleção de flores encontram o seu lugar próprio enquanto gravuras para pintar, envelopes de carta, "ginástica de escrever" e colunas de palavras. Até mesmo as travessuras o encontram. Crianças adoram rabiscar em livros. A autora tira proveito disso com a seguinte proposta: "Risque nesta história: todos os A com azul, todos os M com marrom, todos os R com rosa, todos os V com vermelho". Branco e preto não vigoram em quase nenhuma página, e não há nenhuma cartilha na qual as letras tenham de ficar tanto tempo na sala de espera antes que venham a travar conhecimento entre si nas palavras.

"Palavras que começam com A, palavras que começam com E", exige esta cartilha já nas primeiras páginas, exige-as, porém, não lidas ou escritas, mas simplesmente desenhadas. Como dis-

Reflexões sobre a criança, o brinquedo e a educação

se Goethe a respeito de Lichtenberg, se não me engano, onde ele faz um trocadilho existe um problema escondido,[4] pode-se dizer das brincadeiras infantis: onde as crianças brincam existe um segredo enterrado. Por puro acaso, o elemento que estava escondido aqui surgiu diante de meus olhos. Tratava-se da figura de um desenho infantil que representava um automóvel. Quando o desenho nasceu, a criança de 5 ou 6 anos, da qual ele veio, precisava aprender o abecedário. Haviam-lhe dito que "automóvel" começa com A. E o que aconteceu? O automóvel desenhado pela criança, o qual eu tinha à minha frente, começa realmente com A. A solução — mas para a criança não havia aqui nenhum problema — era o ovo de Colombo. O automóvel foi retratado de frente. O radiador, visualizado entre as rodas dianteiras, oferecia o contorno, a base do radiador dava o traço transversal do A: veio assim ao meu encontro o A na figura do automóvel, o automóvel na figura do A. Se, nesse sentido, a autora deseja desenvolver o prazer de escrever partindo da alegria de desenhar, ela encontra-se então não apenas em terreno firme, mas também muito antigo. Já há setenta anos o excelente Karl Vogel dava a sugestão de iniciar a aula de alfabetização com o desenho de uma casa, ou de uma roda, para explicar depois às crianças que a gente também pode escrever essa casa ou essa roda.

Teóricos da arte gostam de falar da "caligrafia" dos artistas gráficos. É uma expressão tão rotineira que atinge no objeto antes a rotina do que a origem. Mas a grafologia mais recente in-

---

[4] Na última parte do romance *Os anos de peregrinação de Wilhelm Meister*, intitulada "Do Arquivo de Makarie", Goethe inseriu a seguinte sentença sobre Georg Christoph Lichtenberg (1742-1799): "Podemos nos valer dos escritos de Lichtenberg como da mais admirável varinha mágica; onde ele faz uma brincadeira, existe um problema escondido". (N. do T.)

verte a expressão. E é espantoso o que surgiu daí. "Foi provado", escreve Anja Mendelssohn em seu livro *Der Mensch in der Handschrift* [O homem na caligrafia], "que a nossa escrita alfabética deriva de uma escrita *hieroglífica*. Todas as nossas letras eram imagens e, em algumas delas, a imagem que lhes subjaz é ainda facilmente reconhecível. Não apresenta dificuldades explicar a uma criança que o P significa um homem com uma cabeça, que o O é um olho [...] A criança compreende sem problemas que o H e o E representam uma cerca e inclusive complementa o E com um quarto traço transversal, o qual esta letra possuía de fato e o perdeu apenas no período mais recente da escrita grega". As cartilhas do século XVII tiveram um avanço especialmente intenso na linha de um tal biomorfismo das letras: superar com astúcia o abismo entre coisa e signo era uma tarefa que devia possuir o mais extraordinário fascínio para o homem do período barroco. Em sua cartilha *Deutsche Sprachkunst* [Arte da língua alemã], Tilmann Olearius coloca ao lado de todas as letras as respectivas figuras sob a forma de representações orgânicas ou objetos de uso corrente. Considerando que na maioria dos casos esses objetos também possuem as letras iniciais representadas por eles, pode-se fazer então uma ideia da atmosfera sufocante dessas cartilhas. Esse método — *alphabeticum lusu*, como foi chamado — assumiu formas grotescas nas últimas cartilhas da metade do século. Em honra ao W, por exemplo, juntam-se em uma figura as nádegas expostas de um aluno castigado, as quais reproduziam com suas linhas a letra, e a sua boca escancarada pela dor, que deixa escapar o som de W.[5] A nova cartilha possui uma variante inteligente e encantadora desse antigo biomorfismo. Já em sua se-

---

[5] Em alemão, a letra W possui som semelhante ao da palavra "dor" (*Weh*). (N. do T.)

Reflexões sobre a criança, o brinquedo e a educação

gunda página encontramos uma sequência de objetos desenhados com os mais simples traços: cerca, carro, regador, escada, telhado etc. As linhas desses desenhos são originariamente negras. Mas em cada desenho uma parte é destacada por uma segunda linha vermelha. Essas partes destacadas formam as letras, de tal forma que as vinte e seis pequenas gravuras trazem o abecedário todo. Subentende-se que as brincadeiras fonéticas das antigas cartilhas foram deixadas de lado aqui.

Um outro capítulo. Alguns adultos o percorreriam com os olhos sem se darem conta do que ele pode significar em um quarto de crianças ou até em uma sala de aula. O mesmo teria acontecido comigo, mas um menino de 12 anos levou-me ao caminho certo. Este estranhou as 14 crianças, respectivamente um menino e uma menina, as quais representavam, cada qual com dois nomes típicos, sete países europeus. Ao lado, impressos em vermelho, os nomes de "França", "Holanda", "Suécia" etc. O garoto ficou intrigado, achou que estava errado e apontou para o programa escolar: "O mundo é matéria de outra série". De fato, o que faziam ali os nomes dos países europeus naquela série inferior? — Mas será que uma cartilha pode proceder de maneira radical sem interferir profundamente na aula tradicional de alfabetização? Todo aperfeiçoamento nesse terreno situa-se pois na linha do enciclopédico. Originou-se da estreiteza, quando a meta do ensino eram as últimas páginas da cartilha, as quais continham o catecismo; e a cartilha anseia pelo enciclopédico desde que, durante o Iluminismo, apareceu o ensino com meios visuais, para depois confundir-se, na metade do século passado, com a aula de leitura. Também a geografia mundial precisa ter o seu lugar na cartilha. E nada é mais equivocado do que esperar tudo do avanço metódico da "contemplação", e pretender pura e simplesmente que a proximidade, a pátria e coisas do gênero se tornem a preceptora da criança. Para a criança berlinense "América" é uma palavra pelo menos tão familiar e corrente como "Potsdam";[6] e a importância da palavra é bem maior do que se pensa. O fato de designar o mais longínquo não impede a fantasia de alojar-se nela de maneira íntima e criativa. Conheci uma criança em cuja casa se falava muito de gravuras em cobre. Ela sabia exatamente o que era. E quando lhe perguntavam a respeito, ela metia a cabeça entre as pernas da cadeira.[7]

Esta cartilha termina com uma "instrução para os adultos", que pode ser destacada. São observações inteligentes, certamente as mais avançadas formulações que se podem aplicar hoje em dia ao assunto. "Este é um dos princípios mais importantes do método educacional aqui representado: ela [a cartilha] não está direcionada para a 'aquisição' e 'domínio' de uma determinada matéria — essa espécie de aprendizagem é adequada apenas aos adultos —, mas leva em consideração a maneira de ser da criança, para quem a aprendizagem, como tudo o mais, significa pela sua própria natureza uma grande aventura. [...] A velha escola obriga apenas a uma incessante corrida atrás de metas, a uma disputa generalizada para conquistar o 'saber' daquilo que o adulto todo-poderoso exige. Nisso, porém, as portas para o verdadeiro saber são trancadas." O contexto torna inequívoco aquilo que se entende por "verdadeiro saber". É o treinamento inconsciente através do jogo, cujos resultados devem revelar-se aqui superio-

---

[6] Cidade contígua ao sul de Berlim, antiga residência dos imperadores da Prússia. (N. do T.)

[7] Em seu livro *Infância berlinense por volta de 1900* (capítulo "A Mummerehlen"), Benjamin atribui a si mesmo esse comportamento de enfiar a cabeça por entre as pernas da cadeira. A motivação para isso, explicitada pelo próprio Benjamin, é dada pela semelhança de sons entre a palavra *Kupferstich* ("gravura em cobre") e a palavra que a criança cria para o seu ato de esticar e esconder a cabeça: *Kopfverstich*. (N. do T.)

Reflexões sobre a criança, o brinquedo e a educação

res aos obtidos pelo treinamento consciente, determinado por uma prescrição. A entrada decisiva do jogo no centro do ensino elementar não foi possível, e isso a despeito de todas as iniciativas anteriores, antes que se impusessem solidamente os fundamentos científicos sob a forma da teoria freudiana do inconsciente e da teoria de Ludwig Klages, que concebia a vontade como um freio que executa o efeito contrário ao pretendido. Significaria, porém, fazer uso superficial dessa entrega graciosa das letras ao impulso lúdico se houver a recusa a considerar igualmente o seu reverso. Quando uma criança tiver concluído a cartilha, assim se diz no posfácio, ela será induzida "de uma maneira por assim dizer subreptícia" a ler ou a escrever. Involuntariamente, mas de maneira tanto mais decisiva, essas palavras caracterizam com exatidão a insólita problemática que se tornou a marca da nossa formação. Por toda parte a mão livre e dissociada começa a prevalecer sobre a pesada e vetusta. Mas não é fácil dizer quanto dessa dissociação não é fraqueza, quanto dessa liberdade não é perplexidade. Efetivamente, não foram os progressos da ciência que criaram o impulso mais poderoso para essa pedagogia radical, mas sim o declínio da autoridade. E se todos os progressos da humanidade e da saúde pública podem compensar no ensino a perda de sua profunda solidariedade com o objeto — a princípio com as letras, mais tarde com a ciência —, se o "Chichleuchlauchra" não tem afinal a sua razão de ser, eis uma pergunta que este livro, exatamente na sistematicidade e impetuosidade de sua construção, coloca com mais força do que qualquer outro. Organizar a instrução coletiva sem autoridade, eis algo que jamais vingará. Mas esta cartilha dirige-se menos aos jogos ruidosos e ativos de grupos do que ao jogo ensimesmado da criança solitária. É a esta modéstia que ela deve o seu êxito.

(1930)

Pedagogia colonial

Pode-se dizer algo raro em louvor a esse livro:[1] ele já está inteiramente dado em sua capa. Esta é uma fotomontagem: torres de extração, arranha-céus, chaminés de fábricas ao fundo, uma potente locomotiva no plano intermediário e, em primeiro plano, nessa paisagem de concreto, asfalto e aço, uma dúzia de crianças reunidas ao redor da professora do jardim de infância que narra um conto de fadas. Sem dúvida alguma, aquele que levar em consideração as medidas que o autor propõe no texto, transmitirá tanto do conto maravilhoso como alguém que se esforça em narrá-lo ao pé de um martelo a vapor ou numa caldeiraria. E as crianças acolherão em seus corações tanto desses contos revisados, os quais foram pensados para elas, como seus pulmões do deserto de cimento a que foram conduzidas por esse porta-voz exemplar do "nosso presente". Não se encontrará com facilidade um livro em que o abandono do mais autêntico e original seja exigido com a mesma naturalidade com que se concebe a delicada e reservada fantasia da criança, sem a menor conside-

---

[1] Alois Jalkotzky, *Märchen und Gegenwart. Das deutsche Volksmärchen und unsere Zeit* [Contos maravilhosos e o presente. O conto maravilhoso alemão e o nosso tempo], Viena, 1930.

Reflexões sobre a criança, o brinquedo e a educação

ração, enquanto demanda espiritual, no sentido de uma sociedade produtora de mercadorias, e com que se vê a educação, com desenvoltura tão lamentável, enquanto mercado colonial para bens culturais. Essa espécie de psicologia infantil, na qual o autor está tão bem versado, constitui o equivalente exato da famosa "psicologia dos povos primitivos", vistos como clientes enviados por Deus para consumir as quinquilharias europeias. Essa psicologia desnuda-se a cada página: "O conto maravilhoso permite à criança equiparar-se ao herói. Essa necessidade de identificação corresponde à fraqueza infantil, sentida em face do mundo dos adultos". Apelar agora à grandiosa interpretação de Freud a respeito da superioridade infantil (em seu estudo sobre o narcisismo), ou tão somente à experiência que prova o contrário, significaria levar muito a sério um texto em que a superficialidade é proclamada com um fanatismo que, sob o pendão do tempo atual, desencadeia uma guerra santa contra tudo aquilo que não corresponde à "sensibilidade moderna", colocando as crianças (como determinadas tribos africanas) na linha de frente dessa batalha.

"Os elementos dos quais o conto maravilhoso se serve são, com muita frequência, inúteis, antiquados e tornaram-se estranhos à nossa sensibilidade moderna. A madrasta malvada desempenha um papel principal. Matadores de crianças e ogros são figuras típicas dos contos maravilhosos do povo alemão. A sede de sangue é notória, a descrição de cenas de assassinatos e matanças é apreciada. Mesmo o mundo sobrenatural desses contos é, antes de mais nada, aterrorizador. A coleção dos irmãos Grimm está infestada pela alegria que as surras despertam. O conto maravilhoso alemão é frequentemente simpático ao álcool, em todo caso jamais é contrário a ele." Assim mudam-se os tempos. Enquanto, para concluir conforme o autor, o ogro até bem pouco tempo atrás deve ter sido uma personagem bastante comum no cotidiano alemão, ele agora tornou-se estranho à "sensibilidade moderna". Pode ser. Mas como se explica então que as crianças, colocadas perante a escolha, prefiram correr antes para as goelas do ogro do que para as dessa nova pedagogia? Terão assim também elas se mostrado estranhas à "sensibilidade moderna"? Nesse caso será muito difícil cativá-las novamente com o rádio, "esta maravilha da técnica", a partir da qual o autor promete um novo florescimento do conto maravilhoso.

"Pois o conto maravilhoso [...] tem necessidade da narração como sua expressão de vida mais importante." Assim é a linguagem do homem que aborda a obra dos irmãos Grimm para adaptá-la a "necessidades". E já que ele não se intimida diante de nada, ele dá provas dessa adaptação em um procedimento que substitui a roca de fiar pela máquina de costura e castelos reais por luxuosas mansões. Pois "o brilho monárquico de nosso mundo centro-europeu foi felizmente superado. E quanto menos apresentarmos às nossas crianças esses fantasmas e pesadelos da história alemã, tanto melhor será para as crianças e para o desenvolvimento do povo alemão e da sua democracia". Não! A noite de nossa República não é ainda tão profunda a ponto de todos os gatos serem pardos e de não ser mais possível distinguir entre Guilherme II[2] e o Rei Barbalonga.[3] Ela ainda encontrará forças para se colocar no caminho desse intrépido reformismo, para o qual psicologia, folclore e pedagogia não passam de bandeiras sob

---

[2] Guilherme II (1859-1941), em alemão Wilhelm II, foi imperador da Alemanha entre 1888 e 1918. (N. do T.)

[3] No original, König Drosselbart (literalmente, Rei Barba de Tordo): como se lê no conto homônimo dos irmãos Grimm, o apelido é cunhado pela orgulhosa princesa que escarnece do rei comparando o seu queixo com o bico de um tordo. (N. do T.)

Reflexões sobre a criança, o brinquedo e a educação

as quais o conto maravilhoso, como artigo de exportação, é fretado e enviado para o continente negro, onde as crianças se debilitam nas plantações da piedosa mentalidade reformista.

(1930)

Princípios verdejantes

Novos elementos
a respeito de cartilhas lúdicas[1]

Há um ano (13 de dezembro de 1930) o *Frankfurter Zeitung* [Jornal de Frankfurt] familiarizou os seus leitores com a primeira cartilha lúdica de Tom Seidmann-Freud. Foi apresentada naquela ocasião, em seu desenvolvimento histórico, a proposta de descontrair ludicamente a cartilha; e, ao mesmo tempo, fez-se uma referência àquelas circunstâncias que criaram os pressupostos para essa última solução, a mais radical de todas. Nesse meio-tempo o empreendimento avançou: estão publicadas agora a segunda parte da cartilha de leitura e a primeira parte da cartilha de aritmética. Mais uma vez comprovaram-se brilhantemente os dois princípios metodológicos fundamentais: a intensificação máxima do impulso lúdico mediante a mais íntima ligação entre caligrafia e desenho e a afirmação da autoconfiança infantil mediante o desdobramento da cartilha em enciclopédia. Nesta oportunidade, cabe lembrar uma das frases decisivas da "instrução para os adultos" na primeira cartilha lúdica: "ela não está direcionada para a 'aquisição' e 'domínio' de uma

---

[1] Tom Seidmann-Freud, *Spielfibel 2* [Cartilha lúdica 2], Berlim, 1931; *Hurra, wir rechnen! (Spielfibel 3)* [Hurra, estamos fazendo contas! (Cartilha lúdica 3)], Berlim, 1931.

Reflexões sobre a criança, o brinquedo e a educação

determinada matéria — essa espécie de aprendizagem é adequada apenas aos adultos — mas leva em consideração a maneira de ser da criança, para quem a aprendizagem, como tudo o mais, significa pela sua própria natureza uma grande aventura". Se, no início dessa viagem de aventuras, flores e cores, crianças e nomes de países eram pequenas ilhas no mar da fantasia, assomam agora continentes já articulados, o mundo das folhas de árvores e dos peixes, das lojas comerciais e das borboletas. E por toda parte providenciaram-se estações ou locais de alojamento: isso significa que a criança não precisa seguir escrevendo até a exaustão, mas que agora uma gravura espera aqui pela sua assinatura, uma história espera ali pelas palavras que lhe faltam, mais além uma gaiola pelo pássaro a ser desenhado em seu interior, ou, em outro lugar, cachorro, burro e galo esperam pelo seu au-au, i-ó, i-ó e cocoricó. Associam-se também agrupamentos e classificações, às vezes já de natureza lexical, quando as coisas pintadas são escritas segundo as letras iniciais, outras vezes de natureza genuinamente enciclopédica, quando tais coisas são escritas em espaços que lhe são reservados segundo conceitos objetivos. Há ali caixinhas tanto para o abecedário como para coisas de couro, madeira, metal e vidro, ou ainda para móveis, frutos e utensílios. Em tudo isso, a criança jamais é colocada perante o objeto da aprendizagem, mas sobre ele: como se, na aula de zoologia por exemplo, ela não fosse conduzida diante do cavalo, mas sim montada, como cavaleiro, sobre ele. Um tal cavalo é aqui cada letra, cada palavra, e é função do desenho — o qual acompanha todas as fases desse método — trazer com suas curvas, como se fosse com rédeas e canga, o animal indomável sob o controle do pequeno cavaleiro. É inteiramente extraordinário como a autora faz valer desde o início, mesmo em relação aos números, o poder de comando, tão indispensável para o jogo infantil. O esquema de pontos deve abdicar já após as primeiras páginas; se-

Princípios verdejantes

guem-se então batalhões vermelhos ou negros de peixes ou insetos, borboletas ou esquilos, e quando a criança coloca no final de cada sequência o seu respectivo número, ela pinta os algarismos da mesma maneira como se postasse um sargento perante a tropa.

Em todas as partes tomou-se o cuidado de preservar a soberania da criança que brinca, de não deixar que ela perca força alguma junto ao objeto da aprendizagem e de banir o horror com que as primeiras letras e algarismos gostam de se impor como ídolos às crianças. Assim, pelo menos uma geração mais velha lembrar-se-á com certeza daquela impressão, difícil ainda de ser descrita, que os primeiros "exercícios aplicados" no livro de aritmética lhe causavam. Que frieza não emanava a falsa probidade daquelas linhas, nas quais um numeral era admitido de vez em quando, à semelhança de um alçapão. Não eram outra coisa senão uma traição executada pela coisa mais confiável e querida que a criança possuía depois de sua mãe: as histórias. E, por isso, é todo um mundo de reconciliação que ressoa do imperativo singelo dessa cartilha de aritmética: "8 - 6 = 2. Invente uma história a respeito e escreva-a aqui". O charme — e ao mesmo tempo o elevado desempenho pedagógico — desses livros escolares está na maneira pela qual eles captam em si a descontração que corresponde a essa atitude soberana e que talvez a criança procure primordialmente fora dos livros. Pois se ela começa a tagarelar o que mal acabou de aprender, a aprontar tolices e disparates com a lição, então esse livro continua sendo o seu melhor amigo. Ele possui suficientes espaços em branco para serem pintados e rabiscados, amplos e férteis territórios nos quais todos os monstros e heróis favoritos do seu dono podem ser confortavelmente instalados. Naturalmente isso tudo não se desencadeia sem o trabalho inicial de preparação do terreno.

Reflexões sobre a criança, o brinquedo e a educação

Sublinhe nesta história:

Todos os A e a com vermelho
Todos os R e r com azul
Todos os D e d em verde
Todos os L e l em marrom.

Mas a que festas a criança não se vê convidada após o trabalho feito! Cruzam então o país da leitura aquelas grinaldas que já apareceram na primeira cartilha como vestígios da "torre escrita", e as letras se oferecem para disfarces carnavalescos. "Are ime vaz ime paquane manune qua tunhe ime merevulhose getunhe. Aste getunhe podue feler", assim começa num dialeto que está entre antiga língua culta e linguagem de ladrões; mas, logo em seguida, há lugar para o desmascaramento: "Copie esta história, mas para cada *a* coloque um *e* e vice-versa; para cada *i* um *u* e vice-versa". Com isso uma velha controvérsia pedagógica é decidida sorrateiramente: é permitido, a título de advertência, apresentar erros às crianças? Resposta: Sim, quando se exagera. Esse experiente confidente dos pequeninos, o exagero, é o mesmo que estende sua poderosa mão protetora sobre tantas páginas dessa cartilha. Ou não significa exagerar a mentira quando uma história começa dessa forma: "Um menino chamado Eva levantou-se pela manhã do armário e sentou-se para o jantar"? É de se estranhar se tal menino termina o seu dia de trabalho colhendo bolachinhas de chocolate que cresceram na relva até ficar com fome? O que é certo é que a criança se sacia nessas histórias. Ou quando uma outra começa assim: "Adolfo morava num barraco com a pequena Cecília" — não significa exagerar a ordem universal ao fazer com que todos os substantivos, até Yukatan e zumbido, entrem na história na sequência de suas letras iniciais? Não significa, por fim, exagerar até mesmo a consideração pelo pequeno caçador das primeiras letras quando se lhe

Princípios verdejantes

apresenta um questionário da mesma forma como a um professor: o que você faz na segunda-feira?, na terça? na quarta? etc.; ou quando lhe é oferecida uma mesa coberta com pratos pontilhados, sobre os quais ele pode escrever seus manjares prediletos?

— Sim, mas exagerado é também o Struwwelpeter,[2] exagerados são também Max e Moritz,[3] igualmente exagerado é Gulliver. Exagerada é a solidão de Robinson Crusoé e aquilo que Alice vê no país das maravilhas — por que letras e algarismos não poderiam se sustentar perante as crianças mediante exagerada animação? Com certeza as exigências de letras e algarismos ainda se tornarão suficientemente rigorosas.

É provável que um ou outro (como o autor destas linhas) ainda guarde a cartilha com a qual a sua mãe aprendeu a ler. "Ovo", "chapéu", "rato" — pode ser que a primeira página comece assim. Que não seja dito nada contra essas cartilhas. E como alguém que aprendeu a ler com essas cartilhas poderia revoltar-se contra elas? Quanto de tudo aquilo que esse alguém enfrentou na vida posterior poderia comparar-se ao rigor e à segurança com que esses traços penetraram em seu íntimo? Que outra submissão suscitaria nele a intuição de sua incomensurável envergadura como o fez a submissão perante as letras? Portanto, nada

---

[2] Struwwelpeter (literalmente, "Pedro desgrenhado"): personagem do livro infantil *Der Struwwelpeter*, publicado em 1845 pelo pediatra alemão Heinrich Hoffmann (1809-1894), ilustrado pelo autor. Em suas histórias, as crianças desobedientes acabam sempre tendo um trágico fim. (N. do T.)

[3] Max e Moritz: personagens do livro infantil *Max und Moritz* (narrativas em versos com ilustrações do próprio autor) publicado em 1865 pelo poeta e desenhista alemão Wilhelm Busch (1832-1908). As travessuras desses dois meninos chegam a tal extremo que a morte de ambos é considerada pelos adultos como castigo merecido. No Brasil, os dois personagens tornaram-se conhecidos na tradução de Olavo Bilac como Juca e Chico. (N. do T.)

Reflexões sobre a criança, o brinquedo e a educação

"Mas o Juca, lambareiro,/ Diz ao Chico: 'Companheiro!/ Está cheirando a frango assado.../ Subamos para o telhado!'/ E sobem pé ante pé,/ E olham pela chaminé,/ E veem lá embaixo as galinhas/ Sem pescoço, coitadinhas,/ Chiando na caçarola.../ E que bom cheiro se evola!" — os personagens Max e Moritz, na tradução de Olavo Bilac.

contra essas velhas cartilhas. Mas era a "seriedade da vida" que falava de dentro delas, e o dedo que percorria suas linhas havia ultrapassado o limiar de um reino de cujo território nenhum viajante retorna: encontrava-se no terreno do "preto no branco", da lei e do direito, do irrevogável, do mundo criado para a eternidade. Sabemos hoje como devemos considerar tudo isso. Talvez a miséria, a ilegalidade, a insegurança de nossos dias sejam o preço que pagamos para podermos levar adiante esse jogo encantado-desencantado com as letras, jogo esse do qual as cartilhas de Seidmann-Freud extraem uma razão tão profunda.

(1931)

Pestalozzi em Yverdon

A respeito de uma monografia exemplar[1]

"Educador da humanidade em Iferten" — assim está escrito sobre o túmulo de Pestalozzi com a bela e clara exposição dos períodos de sua vida. O instituto em Yverdon, a última grande fundação de Pestalozzi, esteve, como praticamente cada uma de suas obras, sob um paradoxo próprio. Quando Pestalozzi, quase sexagenário, foi embora de Münchenbuchsee, dava sua atividade prática por encerrada. Ele havia nomeado uma comissão para Iferten, à qual caberia a direção da escola. Quando, porém, um dos membros decisivos da comissão renunciou — fato que não levou muito tempo para acontecer —, tudo recaiu novamente sobre os ombros de Pestalozzi. E lá estava ele então, na casa dos setenta e no vértice de sua glória, uma poderosa autoridade, um mestre da Europa — e, contudo, sempre foi e continuava sendo sua função, como nos primeiros tempos em Neuhof, ajudar uma comunidade em formação e que se encontrava praticamente no nada, executando trabalhos que iam da administração econômica

---

[1] Alfred Zander, *Leben und Erziehung in Pestalozzis Institut zu Iferten. Nach Briefen, Tagebüchern und Berichten von Schülern, Lehrern und Besuchern* [Vida e educação no instituto de Pestalozzi em Iferten. Segundo cartas, diários e relatos de alunos, professores e visitantes], Aarau, 1932.

Reflexões sobre a criança, o brinquedo e a educação

até os serviços religiosos. É bastante provável que, sob o efeito de tais contradições, a personalidade desse homem, dilacerada já de bem antes, tenha adquirido suas características mais rudes, mas também as mais elevadas. O que caracteriza a confiabilidade e fidelidade do trabalho de Zander é que, em sua descrição, o instituto se apresenta de certa forma como a projeção de um grande caráter em uma comunidade limitada. E sob nenhum aspecto essa comunidade poderia ser mais cativante, sob nenhum aspecto mais instrutiva, pedagogicamente falando, até os dias de hoje.

Iferten era um congresso pedagógico permanente. Os seus delegados — alunos, professores, visitantes — vinham de todas as partes do mundo. De Hannover, Munique, Königsberg, Würzburg assim como de Klagenfurt ou Viena, Paris, Marselha, Orleans, Milão, Nápoles, Madri, Málaga, Riga, Esmirna, Londres, Filadélfia, Baltimore e Cidade do Cabo. No ensino, como em todas as medidas educacionais, Pestalozzi não via senão tentativas, às quais todos tinham acesso. Não apenas estranhos entravam na sala durante uma aula para ouvir um pouquinho — os próprios professores estavam muitas vezes instruídos a misturar-se entre os alunos. Por isso era um acontecimento corriqueiro encontrar adultos sentados nos bancos escolares. Leem-se de vez em quando, nas fontes pesquisadas pelo autor, queixas sobre tais incômodos na aula. Pelo visto era muito mais comum, mas também muito mais característico, que os alunos assimilassem o estranho sem dificuldades. Não se trata de classes tal como as entendemos. "O movimento constante dos pupilos durante a aula, o sentar-se e levantar-se, sair e entrar, a formação e dissolução de grupos de alunos, tudo isso surpreendeu mais de um visitante." Não raro reuniam-se em um mesmo espaço os mais diversos círculos de trabalho, e as numerosas classes de repetentes, assim é relatado, produziam na sala um zumbido como abelhas em uma apicultura. Certamente a natureza de Pestalozzi, a sucessão imprevisível de seus impulsos, o relâmpago de amor que brilhava em seus olhos, os quais muitas vezes se destacavam como estrelas, lançando raios ao redor, outras tantas vezes voltavam-se para dentro, como se contemplassem uma imensidão interior, depois novamente seu repentino emudecer, tomado pela cólera — tudo isso certamente teve influência sobre o estado de prontidão, grandioso e às vezes tocando asperamente as fronteiras do suportável, de todos os membros desse internato no qual não havia férias. Mas a outra origem dessa ordem era a necessidade. As condições de vida em Iferten eram espartanas. "Sua fortuna consistia em um armário no corredor, uma escrivaninha no quarto onde moravam os pequenos, uma cadeira e uma cama no quarto de dormir dos pequenos", escreve um professor. Em tal quarto dormiam sessenta crianças. E quando, às sete da manhã, elas voltavam em jejum e sem banho da primeira aula, postavam-se diante de um dos longos canos de madeira no pátio e cada um dos alunos recebia então um jato de água fria. Não havia lavatórios. Mas era novamente um daqueles grandes e fecundos paradoxos de Pestalozzi que essa vida espartana estava totalmente isenta de ambições guerreiras; ali não havia lugar para nenhum desses ressentimentos que hoje em dia gostam de se esconder atrás do ideal de veracidade. Em Iferten vigorava a mentalidade espartana da classe burguesa que estava então se libertando. A dureza que as crianças tinham de experimentar jamais vinha dos homens, mas era apenas a dureza da madeira, da pedra, do ferro ou de qualquer outro dos materiais que elas manuseavam para mais tarde poderem ocupar com honra o seu lugar entre os cidadãos. *Gymnastique industrielle* chamou Pestalozzi ao ensino técnico, que ele associou intimamente ao humanismo, tal como o entendia. E, em geral, era essa a maneira do velho Pestalozzi posicionar-se perante fenômenos problemáticos, como lhe devia parecer a "erudição livresca" dos modernos humanistas. Em vez de lutar con-

Reflexões sobre a criança, o brinquedo e a educação

tra eles, Pestalozzi modificava-os silenciosamente. Ele foi um grande irônico: não temos motivo algum para ver na recompensa que outorgava anualmente aos melhores caçadores entre as crianças outra coisa senão uma medida bastante dissimulada: eles ganhavam ovelhinhas para pastorear.

No ano de 1808, quando do florescimento do Instituto, escreve Pestalozzi a Stapfer: "Amigo, mas nós acreditávamos semear alguns grãos para alimentar os pobres ao nosso redor e eis que plantamos uma árvore cujos galhos se expandem sobre a terra toda". Assim lança ele o arco, na verdade um arco-íris, sobre o trabalho de sua vida. Ele não havia esquecido Neuhof, onde, desconhecido, fizera pelos filhos dos pobres o mesmo que fez em Iferten, sob os olhos dos mais eruditos e dos poderosos, pelos filhos dos ricos. "Sua velha aspiração era reunir ao seu redor um grupo de crianças pobres e abandonadas para poder ser-lhes um pai. Em vez disso, foi obrigado a tornar-se diretor de um instituto mundialmente famoso. Quanto não sofreu com essa renúncia, quanto não sonhou com a sua escola de pobres! O velho Pestalozzi ficou radiante de felicidade quando Schmid, em 1818, concretizou a fundação de uma instituição para pobres nas proximidades de Iferten, em Clindy." É isso que se deve ter presente quando se fala de Pestalozzi e, mais ainda, de "educação da personalidade". Pois ele concebia isso de maneira diferente da de seus seguidores. Sua visão da personalidade não foi conquistada no contato com os filhos das camadas privilegiadas. As crianças pobres e frágeis ensinaram-lhe quão incômodas podem ser as características que possuem e, sobretudo, em que momentos impróprios estas podem irromper. Essa personalidade áspera, crispada, até mesmo ameaçadora, ele a tinha de sentir profundamente em si mesmo, era aquilo cuja irrupção ele aguardava com ininterrupta expectativa, com frêmito inclusive. Pestalozzi nada tinha de exemplar. O que ele dava para as crianças, sem as quais

Pestalozzi em Yverdon

não podia viver, não era o seu exemplo, mas sim a sua mão: a mão estendida, para falar com uma de suas expressões favoritas. Essa mão estava sempre pronta, seja quando ajudava em um jogo ou trabalho, seja quando acariciava de repente a fronte de uma criança que passava. A sua doutrina contém muita coisa disso, o melhor, porém, está na prática à qual ele consagrou em Iferten, com enfática exclusividade, suas últimas forças. Não se pode dizer mais nada também sobre os méritos da obra que, pela primeira vez, investigou realmente aquela prática.[2]

(1932)

---

[2] Esta última frase do texto refere-se muito provavelmente à obra de Alfred Zander e não, como também se poderia supor, à obra dos discípulos, a qual se seguiu ao trabalho prático de Pestalozzi em Iferten. O verbo alemão usado por Benjamin (*nachgehen*) pode significar aqui tanto "investigar", "examinar" (literalmente: "ir atrás"), como também "seguir-se", "suceder".

Numa carta a Gershom Scholem, datada de 20 de dezembro de 1931, Benjamin escreve sobre a impressão causada pela leitura do livro aqui resenhado: "E, para continuar falando de pequenos episódios de textos e leituras, caiu-me em mãos, enviado pelo organizador do volume, um dos mais grandiosos e comoventes *documents humains*: a vida de Pestalozzi nos testemunhos daqueles que o conheceram. Dificilmente se pode discutir educação burguesa sem ter presente essa fisionomia da qual, como me mostrou a leitura, quase nada aparece em seus famosos romances pedagógicos; mas, em compensação, aparece tudo em sua atuação pessoal e em seu infortúnio — no final da vida, ele comparou-se a Jó". (N. do T.)

Benjamin e a
militância da memória

Flávio Vespasiano Di Giorgi

A coletânea de artigos de Walter Benjamin, englobando textos de 1913 a 1932 versando sobre temas tão variados como as estruturas universitárias, problemas do ensino de moral e de religião, e, principalmente, sobre as relações entre o adulto e a criança lidas no brinquedo e no ensino da leitura e da escrita, e, ainda, sobre a potencialidade do teatro na educação da criança e, finalmente, sobre as exigências de uma pedagogia comunista, reveste-se de uma surpreendente unidade e de uma fascinante atualidade.

A unidade, dentro de tão diversa temática, resulta de uma constelação de altas qualidades de exposição:

a) Uma linguagem límpida, livre de qualquer ranço de erudição, embora densa de informação exata e original. O leitor sente-se atraído, encantado, preso a um texto em que a dissertação se converte subitamente em história, e a história em dissertação, com a constante conexão do momento teórico com a ilustração narrativa. A teorização é enxuta, precisa, aguda e a narrativa nela implicada, ágil, clara, sugestiva. Dir-se-ia que sua linguagem contém juntos o lúdico e o sério, à semelhança do brinquedo de que trata, ou que vem carregada de convites sutis à descoberta e à complementação imaginativa do leitor, como se fosse a própria cartilha mágica de que fala.

Reflexões sobre a criança, o brinquedo e a educação

b) As categorias críticas do pensamento. A condução das reflexões, em Benjamin, reflete especularmente seu estilo: infinitamente inclusiva e aberta, e, não obstante, radical; inovadora, provocantemente audaciosa e, ao mesmo tempo, implacavelmente hostil aos modismos e à falsa modernidade; completa quanto ao arcabouço argumentativo e, simultaneamente, discreta o bastante para deixar ao leitor a aventura das ilações e da conclusão. Quanto a esse espaço oferecido à sagacidade de quem o lê, Benjamin costuma delineá-lo especialmente no final de cada artigo: não são meros finais, são recomeços mais profundos, em aceno.

Impossível não salientar o prazer intelectual imenso que o método benjaminiano proporciona ao leitor pela finíssima conjunção que o caracteriza, entre a permanência, ao longo da dissertação, de um contexto humano básico e o dinamismo das camadas históricas que o moldam e mudam. Benjamin praticamente não fala sobre a dialética, ele constrói dialeticamente o texto. Essa construção nunca é feita de material avulso: nenhum fato, nenhuma interpretação repousa em apenas um eixo; pelo contrário, mesmo nas relações mais simples de sua argumentação, apresenta-se uma integração dos eixos psicológico, sociológico e antropológico, enfocada por assim dizer no plano e no espaço, histórico-estruturalmente.

Sua opção ideológica é muito clara: é decididamente antiburguesa, perpassando assim, por todos os artigos, sua busca apaixonada pela construção do futuro humano sem exploração de um sobre outro, sem a primazia do lucro. Sua paixão, contudo, é a paixão do sábio: não há, em seus textos, nem traço de retórica, de sectarismo, de qualquer dogmatismo. Aliás, nada mais estranho a seu modo crítico de ver o real do que o dogmatismo; pelo contrário, sua abordagem de qualquer tema — vida universitária, cartilha, velhos brinquedos infantis, criança sapeca — dota o assunto de mil vidas novas, nada fica sendo o que habitualmente

Posfácio

parece que é, ângulos novos enfeitam todos os velhos conceitos e contextos.

Em todos os artigos, mais uma característica muito forte: sua paixão pela autenticidade, e sua consequente ostensiva recusa de tudo aquilo em que ele enxerga a (quase sempre disfarçada) infestação da visão burguesa das coisas, mesmo e especialmente quando vestida dos respeitáveis alvarás chamados "metodologia científica", "processos pedagógicos renovados" e congêneres. Seu olho lúcido percebe no interior desses belos pacotes a hostilidade burguesa ao trabalho, a manipulação das pessoas, o bloqueio à liberdade, a domesticação das consciências, a idolatria da ordem a serviço de outras idolatrias.

É esse tratamento crítico e humanista dos temas que lhes confere uma atualidade que só o leitor provocado pela leitura poderá devidamente dimensionar, pois tantos são os tópicos dessa surpreendente contemporaneidade que escapam ao precário perfil traçado por uma resenha.

A coletânea abrange textos escritos na adolescência de Benjamin, ou pouco mais que isso (são datados de 1913 a 1915, tendo o autor 21 anos em 1913), que versam sobre as estruturas da Universidade, a comunidade universitária, o ensino de moral e de religião. Textos de um militante da organização estudantil reformista "Juventude Livre" revelam já sua tendência à profundidade crítica, à forte autonomia intelectual, e sua ânsia de vida autêntica.

Os textos de 1924 a 1932 compreendem artigos sobre brinquedos infantis, sobre livros para crianças, sobre teatro infantil, sobre as condições de uma pedagogia comunista, e sobre a pedagogia de Pestalozzi.

Em primeiro lugar, fica-se sabendo que todos esses assuntos são coisas que o encantaram; ele nos passa esse encanto, ora narrando-o, ora refletindo sobre tudo isso — e nessa reflexão de repente percebemos que estamos numa inesperada reunião em

Reflexões sobre a criança, o brinquedo e a educação

que estão presentes a criança que Benjamin foi e que cada um de nós também, o adulto que se indaga, como pai, como professor, como cidadão, a respeito das responsabilidades que temos para com as crianças, e, pois, com a construção de um futuro humano. Está presente, na reunião fantástica que o livro nos desenha, também o filósofo que mora em cada um, mesmo que seja no quartinho do fundo, e o sociólogo que somos ou aspiramos a ser, o psicólogo, o antropólogo, e, sem dúvida, o poeta. E nesta reunião sentimo-nos muito bem: ninguém parecerá sentir-se rejeitado, a menos que julgue que já sabe de tudo e que, afinal, "as coisas são como são", ou que teime em discutir de má-fé; o ambiente da reunião é bom também porque não há no ar nenhuma coação, não se procura fazer que as pessoas aceitem, a qualquer título, as reflexões proclamadas pelo autor: percebe-se que o apelo é a que se pense, com seriedade e com vontade de brincar... Ali descobrimo-nos subitamente em profundo diálogo interior, nossa vida e nossos valores, nossos projetos, relações interpessoais são examinadas, com algumas pista novas.

Difícil sintetizar de modo mais objetivo o impacto desses textos sobre o brinquedo: vale tentar salientar as agudas distinções entre brinquedo e jogo, o relacionamento entre brinquedo e hábito, as perquirições riquíssimas do autor do significado profundo do jogo ao indagar das matrizes contextuais de que derivam. Merece menção, mesmo rápida, a relação estabelecida entre objetos de culto e brinquedos, a filiação do brinquedo à repetição, e do jogo, à imitação.

Desnecessário frisar que um texto tão saboroso é para ser degustado por todo mundo, mas valerá talvez acentuar que pais, educadores, psicólogos, certamente hão de considerar tal texto como um banquete particularmente preparado para eles.

Não é menor a sugestibilidade dos artigos sobre o livro infantil, cartilhas ou histórias de fada. O mesmo encantamento do

Posfácio

autor, a mesma transmissão mágica ao leitor, com todo o cortejo de evocações que o artigo provoca no leitor, que teve sua cartilha, instigante ou chata, que certamente leu histórias maravilhosas, e com todo séquito de considerações e reflexões que o texto torna presentes ao mesmo leitor que educa as crianças por este ou aquele método, com tais e quais livros, e que lhes narra ou faz ler histórias fantásticas antigas ou modernas. Detém-se Benjamin, ao tratar dos livros infantis, em observações admiravelmente justas e pertinentes sobre o ser criança, rejeitando sempre qualquer visão simplista ou reducionista, dando provas de um fino senso de realidade e de requintada sensibilidade.

Sensibilidade que explode em poesia — e cumplicidade — no extraordinário conjunto de flashes sobre situações perenes do cotidiano infantil, na casa ou na escola, em *Rua de mão única*. Este artigo evidencia a forte tendência de Benjamin a relacionar situações vivenciadas no cotidiano com a totalidade das grandes aventuras humanas básicas, colocando-se, por assim dizer, para além da psicanálise, pela envergadura integradora do paralelo sugerido.

Seria longo demais, numa resenha, dar, em pormenor, conta da importância, para a atual reflexão pedagógica, do artigo "Programa de um teatro infantil proletário". Bastaria, talvez, apontar alguns pontos básicos desse texto: a colocação de que a educação burguesa é, por natureza, assistemática, e a proletária, sistemática; de que a educação em que se dá o enfraquecimento da autoridade é, precisamente, a educação burguesa — ponto de vista que o aproxima, sem dúvida, das formulações de Antonio Gramsci. Quanto ao método, vale citar suas palavras perturbadoras: "Em todos os âmbitos o interesse pelo método é um posicionamento tipicamente burguês, a ideologia do 'continuar a enrolar', e a preguiça".

Noutro ponto, o autor defende o não disciplinamento da

Reflexões sobre a criança, o brinquedo e a educação

criança, na escola proletária, ao mesmo tempo que acentua: "A observação é a essência da educação".

Suas ideias pedagógicas têm novo campo de exposição no artigo "Uma pedagogia comunista", que é um paralelo entre a pedagogia burguesa e os pressupostos de um pedagogia comunista, em que algumas experiências do então recém-instalado regime soviético são positivamente comentadas.

As falsas modernidades científicas em pedagogia, com seu costumeiro apelo à satisfação das necessidades dogmaticamente atribuídas à criança e ao adolescente, são asperamente estigmatizadas como subproduto da mentalidade colonialista, cujos ocultos tentáculos e sequelas inadvertidas são analisados no artigo "Pedagogia colonial".

Um elogio caloroso à pessoa de Pestalozzi, em "Pestalozzi em Yverdon", fecha esta coletânea de um apaixonado e apaixonante mestre do pensamento atual.

Um livro que faz pensar, que informa, que diverte, que dá alegria, que trará a muita gente uma renovada vontade de reaprender a brincar e a entender o brincar. Um livro que tem muitos segredos a desvendar. Um livro que talvez leve as pessoas que o lerem a realizar um dos sonhos de Benjamin: que os pais dialoguem realmente com os filhos, sendo o diálogo um encontro não somente expresso em palavras, mas em entendimento, cumplicidade, participação no último produto do sistema de produção em que as gerações não estão dissociadas: o brinquedo. E assim, juntos, brincando, descubram novos segredos, pois "onde as crianças brincam, existe um segredo enterrado".*

---

* Este artigo, aqui revisto pelo autor, foi publicado originalmente no jornal *Folha de S. Paulo*, em 18 de março de 1984.

Sobre o autor

Walter Benjamin nasceu em 15 de julho de 1892, na cidade de Berlim, Alemanha. Em 1912 inicia seus estudos de Filosofia, primeiramente em Freiburg e, mais tarde, em Berlim — onde, durante alguns meses, em 1914, assume a presidência da União Livre dos Estudantes — e Munique. Em 1917, Benjamin casa-se com Dora Sophie Pollack e, para evitar o serviço militar, mudam-se para a Suíça, onde conclui seu doutorado — *O conceito de crítica de arte no romantismo alemão* (1919) — na Universidade de Berna. No ano seguinte retorna à Alemanha, onde sobrevive com dificuldades. Em 1923, obtém apoio financeiro do pai para redigir sua tese de livre-docência, *Origem do drama barroco alemão* (1925), que será recusada pela Universidade de Frankfurt. Nessa época, seus principais interlocutores são Gershom Scholem e Ernst Bloch.

A partir do encontro em Capri com Asja Lacis, assistente teatral de Bertolt Brecht, em 1924, orienta suas leituras na direção do marxismo. No início dos anos 1930, concebe as bases de sua obra mais ambiciosa, que permanecerá inconclusa, *O trabalho das passagens*. Em 1933, com a perseguição aos judeus, foge da Alemanha, passando a levar uma vida precária e nômade, hospedando-se em pensões de Paris, Ibiza, San Remo ou na casa de amigos — como Brecht, com quem passará pelo menos duas temporadas em Svendborg, na Dinamarca. Sobrevive escrevendo artigos para *Frankfurter Zeitung* e *Literarische Welt* e ensaios para a revista do Institut für Sozialforschung, dirigido por Theodor W. Adorno e Max Horkheimer. Em 1940, na iminência da invasão de Paris pelas tropas alemãs, Benjamin confia vários de seus escritos a Georges Bataille, que os guarda na Biblioteca Nacional, e foge para o sul da França. Na noite de 26 para 27 de setembro, em Port-Bou, na fronteira com a Espanha, suicida-se ingerindo tabletes de morfina.

Publicou:

Reflexões sobre a criança, o brinquedo e a educação

CRÍTICA

Der Begriff der Kunstkritik in der deutschen Romantik [O conceito de crítica de arte no Romantismo alemão]. Berna: Francke, 1920.

Ursprung des deutschen Trauerspiels [Origem do drama barroco alemão]. Berlim: Rowohlt, 1928.

Einbahnstrasse [Rua de mão única]. Berlim: Rowohlt, 1928.

Deutsche Menschen [Personalidades alemãs] (org.). Lucerna: Vita Nova, 1936 [sob o pseudônimo de Detlef Holz].

Gesammelte Schriften [Escritos reunidos]. Rolf Tiedemann & Hermann Schweppenhäuser (orgs.). Frankfurt: Suhrkamp, 7 vols.:

I. 1, 2, 3: *Abhandlungen* [Tratados]. Rolf Tiedemann & Hermann Schweppenhäuser (orgs.), 1974.

II. 1, 2: *Aufsätze, Essays, Vorträge* [Textos, ensaios, conferências]. Rolf Tiedemann & Hermann Schweppenhäuser (orgs.), 1977.

III: *Kritiken und Rezensionen* [Críticas e resenhas]. Hella Tiedemann-Bartels (org.), 1972.

IV. 1, 2: *Kleine Prosa, Baudelaire-Übertragungen* [Pequenos textos em prosa, traduções de Baudelaire]. Tillman Rexroth (org.), 1972.

V. 1, 2: *Das Passagen-Werk* [O trabalho das passagens]. Rolf Tiedemann (org.), 1982.

VI: *Fragmente vermischten Inhalts. Autobiographische Schriften* [Fragmentos diversos. Escritos autobiográficos]. Rolf Tiedemann & Hermann Schweppenhäuser (orgs.), 1985.

VII. 1, 2: *Nachträge* [Adendos]. Rolf Tiedemann & Hermann Schweppenhäuser (orgs.), 1989.

OBRAS PUBLICADAS NO BRASIL

"A obra de arte na época de sua reprodutibilidade técnica", *in Revista da Civilização Brasileira*, ano IV, nº 19-20. Tradução de Carlos Nelson Coutinho. Rio de Janeiro: Civilização Brasileira, 1968 [tradução do francês].

"A obra de arte na época de sua reprodutibilidade técnica", *in Teoria da cultura de massa*. Organização de Luiz Costa Lima. Rio de Janeiro: Saga, 1969.

Sobre o autor

"A obra de arte na época de suas técnicas de reprodução", *in A ideia do cinema*. Seleção, tradução e prefácio de José Lino Grünewald. Rio de Janeiro: Civilização Brasileira, 1969; 2ª edição, 1975 [tradução do francês].

"A obra de arte no tempo de suas técnicas de reprodução", *in Sociologia da arte IV*. Organização de Gilberto Velho. Rio de Janeiro: Zahar, 1969.

"Uma profecia de Walter Benjamin", *in Mallarmé*. Organização e tradução de Augusto de Campos, Décio Pignatari e Haroldo de Campos. São Paulo: Perspectiva, 1974 [tradução de Haroldo de Campos e Flávio R. Khote de alguns trechos de *Rua de mão única*: "Revisor de livros juramentados" e "Material didático"].

"Paris, capital do século XIX", *in Teoria da literatura em suas fontes*. Organização de Luiz Costa Lima. Tradução de Maria Cecília Londres. Rio de Janeiro: Francisco Alves, 1975; 2ª edição, 1983 [tradução do francês].

A modernidade e os modernos. Tradução de Heindrun Krieger Mendes da Silva, Arlete de Brito e Tania Jatobá. Rio de Janeiro: Tempo Brasileiro, 1975.

Benjamin, Adorno, Horkheimer, Habermas. São Paulo: Abril Cultural, 1975 (Coleção Os Pensadores) ["A obra de arte na época de suas técnicas de reprodução", tradução de José Lino Grünewald; "Sobre alguns temas em Baudelaire", tradução de Edson Araújo Cabral e José Benedito de Oliveira Damião (tradução do italiano); "O narrador", tradução de Modesto Carone; "O surrealismo", tradução de Erwin Theodor Rosenthal].

Origem do drama barroco alemão. Tradução, apresentação e notas de Sérgio Paulo Rouanet. São Paulo: Brasiliense, 1984. Nova edição: *Origem do drama trágico alemão*. Tradução de João Barrento. Belo Horizonte: Autêntica, 2011.

Haxixe. Apresentação de Olgária C. F. Matos. Tradução de Flávio de Menezes e Carlos Nelson Coutinho. São Paulo: Brasiliense, 1984. Nova edição: *Imagens de pensamento/Sobre o haxixe e outras drogas*. Tradução de João Barrento. Belo Horizonte: Autêntica, 2013.

Reflexões: a criança, o brinquedo e a educação. Tradução de Marcus Vinicius Mazzari. São Paulo: Summus, 1984. Nova edição: *Reflexões sobre a criança, o brinquedo e a educação*. Tradução, apresentação e notas de Marcus Vinicius Mazzari. Posfácio de Flávio Di Giorgi. São Paulo: Duas Cidades/Editora 34, 2002; 2ª edição, 2009.

Reflexões sobre a criança, o brinquedo e a educação

Obras escolhidas I — Magia e técnica, arte e política. Tradução de Sérgio Paulo Rouanet. Prefácio de Jeanne Marie Gagnebin. São Paulo: Brasiliense, 1985; 10ª edição, 1996.

Documentos de cultura, documentos de barbárie: escritos escolhidos. Organização e apresentação de Willi Bolle. Tradução de Celeste H. M. Ribeiro de Souza *et al.* São Paulo: Edusp/Cultrix, 1986.

Obras escolhidas II — Rua de mão única. Infância em Berlim por volta de 1900. Imagens do pensamento. Tradução de Rubens Rodrigues Torres Filho e José Carlos Martins Barbosa. São Paulo: Brasiliense, 1987; 5ª edição, 1995. Nova edição: *Rua de mão única. Infância berlinense: 1900.* Tradução de João Barrento. Belo Horizonte: Autêntica, 2013.

Obras escolhidas III — Charles Baudelaire: um lírico no auge do capitalismo. Tradução de José Carlos Martins Barbosa e Hemerson Alves Baptista. São Paulo: Brasiliense, 1989; 3ª edição, 1995.

Diário de Moscou. Organização de Gary Smith. Prefácio de Gershom Scholem. Tradução de Hildegard Herbold. São Paulo: Companhia das Letras, 1989.

"A tarefa do tradutor", *in Cadernos do Mestrado/Literatura*, nº 1. Tradução coletiva. Rio de Janeiro: UERJ, 1992.

O conceito de crítica de arte no romantismo alemão. Tradução, prefácio e notas de Márcio Seligmann-Silva. São Paulo: Iluminuras/Edusp, 1993; 2ª edição, 1999.

Correspondência 1933-1940, de Walter Benjamin e Gershom Scholem. Tradução de Neusa Soliz. São Paulo: Perspectiva, 1993.

"O sentido da linguagem no drama (Lutilúdio) e na tragédia", "Lutilúdio (*Trauerspiel*) e tragédia", "Destino e caráter", *in Peter Szondi e Walter Benjamin: ensaios sobre o trágico*, vol. II. Organização de Kathrin Rosenfield. Tradução de Kathrin Rosenfield e Christian Werner. *Cadernos do Mestrado/Literatura*, nº 12. Rio de Janeiro: UERJ, 1994.

Passagens. Introdução de Rolf Tiedemann. Coordenação da edição brasileira de Willi Bolle. Posfácio de Olgária C. F. Matos e Willi Bolle. Tradução de Irene Aron (alemão) e Cleonice P. B. Mourão (francês). Belo Horizonte/São Paulo: Editora UFMG/Imprensa Oficial do Estado de São Paulo, 2006.

Sobre o autor

Ensaios reunidos: escritos sobre Goethe. Tradução de Mônica Krausz Bornebusch, Irene Aron e Sidney Camargo. Supervisão e notas de Marcus Vinicius Mazzari. São Paulo: Duas Cidades/Editora 34, 2009.

A obra de arte na era de sua reprodutibilidade técnica. Tradução, apresentação e notas de Francisco De Ambrosis Pinheiro Machado. Porto Alegre: Zouk, 2012.

Escritos sobre mito e linguagem (1915-1921). Organização, apresentação e notas de Jeanne Marie Gagnebin. Tradução de Susana Kampff Lages e Ernani Chaves. São Paulo: Duas Cidades/Editora 34, 2011; 2ª edição, 2013.

O anjo da história. Organização e tradução de João Barrento. Belo Horizonte: Autêntica, 2012.

Correspondência 1928-1940 Adorno-Benjamin. Apresentação de Olgário Matos. Tradução de José Marcos Mariani de Macedo. São Paulo: Editora Unesp, 2012.

O capitalismo como religião. Organização de Michael Löwy. Tradução de Nélio Schneider. São Paulo: Boitempo, 2013.

Baudelaire e a modernidade. Tradução de João Barrento. Belo Horizonte: Autêntica, 2015.

A hora das crianças: narrativas radiofônicas. Tradução de Aldo Medeiros. Rio de Janeiro: Nau, 2015.

Estética e sociologia da arte. Tradução de João Barrento. Belo Horizonte: Autêntica, 2017.

Ensaios sobre Brecht. Tradução de Claudia Abeling. Posfácio de Rolf Tiedemann. São Paulo: Boitempo, 2017.

Linguagem, tradução, literatura. Tradução de João Barrento. Belo Horizonte: Autêntica, 2018.

Sobre o tradutor

Marcus Vinicius Mazzari nasceu em São Carlos, SP, em 1958. Fez o estudo primário e secundário em Marília, e ingressou no curso de Letras da Universidade de São Paulo em 1977. Concluiu o mestrado em literatura alemã em 1989 com uma dissertação sobre o romance *O tambor de lata*, de Günter Grass. Entre outubro de 1989 e junho de 1994 realizou o curso de doutorado na Universidade Livre de Berlim (*Freie Universität Berlin*), redigindo e apresentando a tese *Die Danziger Trilogie von Günter Grass: Erzählen gegen die Dämonisierung deutscher Geschichte* (A Trilogia de Danzig de Günter Grass: narrativas contra a demonização da história alemã). Em 1997 concluiu o pós-doutorado no Departamento de Teoria Literária e Literatura Comparada da USP, com um estudo sobre os romances *O Ateneu*, de Raul Pompeia, e *Die Verwirrungen des Zöglings Törless* (As atribulações do pupilo Törless), de Robert Musil.

Desde 1996 é professor de Teoria Literária e Literatura Comparada na Universidade de São Paulo. Traduziu para o português, entre outros, textos de Adelbert von Chamisso, Bertolt Brecht, Gottfried Keller, Günter Grass, Heinrich Heine, Jeremias Gotthelf, J. W. Goethe, Karl Marx, Thomas Mann e Walter Benjamin. Entre suas publicações estão *Romance de formação em perspectiva histórica* (Ateliê, 1999), *Labirintos da aprendizagem* (Editora 34, 2010), *A dupla noite das tílias* (Editora 34, 2019) e a co-organização da coletânea de ensaios *Fausto e a América Latina* (Humanitas, 2010). Elaborou comentários, notas, apresentações e posfácios para a obra-prima de Goethe: *Fausto: uma tragédia — Primeira parte* (tradução de Jenny Klabin Segall, ilustrações de Eugène Delacroix, Editora 34, 2004; nova edição revista e ampliada, 2010) e *Fausto: uma tragédia — Segunda parte* (tradução de Jenny Klabin Segall, ilustrações de Max Beckmann, Editora 34, 2007). É um dos fundadores da Associação Goethe do Brasil, criada em março de 2009, e atualmente coordena a Coleção Thomas Mann, editada pela Companhia das Letras.

As imagens reproduzidas na capa
foram extraídas do livro infantil *Der Struwwelpeter*,
de Heinrich Hoffmann, publicado originalmente em 1845.

Este livro foi composto
em Adobe Garamond pela
Bracher & Malta,
com CTP da New Print
e impressão da Graphium
em papel Pólen Soft
80 g/m^2 da Cia. Suzano de
Papel e Celulose para a
Duas Cidades/Editora 34,
em novembro de 2020.